나의 멕시코,
깊숙이 들여다본 멕시코

나의 멕시코,
깊숙이 들여다본 멕시코

초판 1쇄 인쇄 2020년 8월 20일
초판 1쇄 발행 2020년 8월 26일

신고번호　제313-2010-376호
등록번호　105-91-58839

지은이　김학재
발행처　보민출판사
발행인　김국환
편집　정은희
디자인　김민정

주소　인천시 서구 불로동 769-4번지 306호
전화　070-8615-7449
사이트　www.bominbook.com

ISBN 979-11-89796-84-6　03940

- 가격은 뒤표지에 있으며, 파본은 구입하신 서점에서 교환해드립니다.
- 이 책은 저작권법에 의하여 보호를 받는 저작물이므로 무단 전재와 복사를 금합니다.

이 도서의 국립중앙도서관 출판시도서목록(CIP)은 서지정보유통지원시스템(http://seoji.nl.go.kr)과
국가자료공동목록시스템(http://nl.go.kr/kolisnet)에서 이용하실 수 있습니다.
(CIP제어번호 : CIP2020029376)

혼합이 새로움을 창조하는 곳
나의 멕시코,
깊숙이 들여다본 멕시코

김학재

당연한 얘기지만 멕시코에 와서야 비로소 멕시코가 여타 중남미 국가와는 현저히 다른 국가임을 느꼈고, 멕시코의 대국적인 스케일, 열심히 분주히 일하는 멕시코 사람들, 이들의 따뜻한 마음, 그리고 치안 불안감 등 복합적인 모습을 이해할 수 있었으며, 오래전 갖고 있었던 의문들도 풀 수 있었기에 이제 멕시코는 단순히 오늘날 중남미 국가 중의 하나가 아니라 내 마음속엔 내가 애착을 갖고 살아간 '나의 멕시코'가 된 것이다.

제1장
―
들어가며

1.
개정판 서문

〈나의 멕시코, 깊숙이 들여다본 멕시코〉를 펴낸 후 벌써 1년이라는 시간이 흘렀습니다. 그 사이 세계는 코로나 바이러스 확산으로 미증유의 사태를 맞이했습니다. 코로나는 비단 우리의 생명을 위협할 뿐 아니라 사회적인 격리와 같은 새로운 삶의 유형을 경험하게 하였으며, 또한 인내하는 시간을 우리에게 가져다주었습니다. 많은 전문가들이 코로나 이전과 이후의 삶의 변화와 추세를 예측합니다. 국가의 역할, 원격근무, 온라인 교육, 국제관계 이슈 등의 변화가 이야기되어 집니다.

그러나 무엇보다 우리의 관심을 끄는 것은 바로 여행 감소에 관한 예측입니다. 어느 정도 안전한 환경이 되기까지 특히나 먼 곳으로의 여행은 줄어들기 마련일 것입니다. 우리에게 가장 원거리라고 할 수 있는 중남미 대륙으로의 여행은 더 많이 영향을 받을 것이 명약관화(明若觀火)해 보입니다. 특히나, 중남미 국가에서는 다른 대륙과 달리 뒤늦게 코로나 확산의 속도가 매우 높습니다. 이러한 면을 볼 때 당분간 중남미로의 여행이 쉽지만은 않을 것 같습니다.

하지만 꿈이라는 것은 막고 싶어도 막아지지 않고, 정작 막으려 해도 사라지지 않고 머릿속을 맴돌다 언젠가는 되살아나는 것 같이 여행도 마찬가지라고 생각합니다. 여행은 아마도 자유로운 영혼의 외적 행동양식일지도 모르기 때문입니다. 개인적으로는 기쁜 마음으로 여행을 할 수 있는 날이 생각보다 빨리 오리라고 기대하지만, 그때까지의 시간을 새로운 여행을 위한 준비의 기간으로 생각하고 기다린다면 실제 여행을 하게 되었을 때 더욱 의미로울 수 있을 겁니다.

더욱이 여행이 새롭고 낯선 경험을 대처해 나가는 자신의 발견이라고 한다면, 여행을 가기 전에 여러 가지 정보를 알아보는 것은 자기 자신을 다양한 각도에서 보게 하는 데 도움이 될 것입니다. 아무것도 모른 상태에서 보는 것보다는 뭔가를 조금 알고 찾아가는 것이 선입견으로 인한 편견의 조그만 문제만 제외하면 더 유익할 거라는 믿음에서 근거하는 말입니다. 선입견의 문제도 우리가 더 큰 깨달음을 얻을 수 있는 화두에 불과하다고 느끼게 되면, 어디론가 떠나기 전의 조그만 노력은 늘 값어치가 있다고 생각합니다. 혹시 여행은 모두 주관적이어서 남들의 경험이 크게 도움이 되지 않는다고 생각하신다면, 오히려 그러한 남들의 진부한 경험을 미리 알고 이를 피하는 현명함을 얻을 수 있다고 낙관적으로 생각하시면 좋겠습니다.

다행히 멕시코는 서울과 직항노선이 있어 부분적으로 운항을 재개하고 있습니다. 코로나 위험에서 벗어나 우리의 꿈이 기다리고 있는 미지의 세계를 가보면서 여러분 스스로 위안을 받고 자아를 찾아가시기 바랍니다. 많은 분들의 관심과 격려, 그리고 성원에 힘입어 초판인쇄 분량이 품절이 되었습니다. 책을 다시 한번 들여다보니 의외로 오류가 있는 부분들이 눈에 띄었고, 또 정리할 부분도 많이 발견되어 큰 틀을 유지한 채 필요한 부분을 고쳐 개정판을 내게 되었습니다. 잘못 알고 있거나, 혼동하고 있었던 부분, 어색했던 표현들을 고치고 다듬었으며, 특히, 경제지표들을 새롭게 하고, 출간 이후의 주목할 만한 변화상을 부분적이나마 담아보았습니다. 특별히, 20세기 초 한인이민에 관한 부분이나, 6·25에 참전한 멕시코계 미군 병사들의 이야기, 그리고 초판 출판 이후 이어진 멕시코와의 인연 이야기를 좀 더 담았습니다. 초판과 마찬가지로 멕시코를 방문하시는 분들께 조금이라도 도움이 되기를 바라겠습니다.

- 2020년 8월, 겨울인 남반구의 높은 산중에서

2. 목차

제1장 들어가며

1. 개정판 서문 _ 6
2. 목차 _ 10
3. 왜 멕시코인가 - 우연 또는 필연? _ 16

제2장 신비하고도 비운이 가득한 역사

1. 멕시코, 발견인가 창조인가? _ 22
2. 서구와의 첫 대면 _ 28
3. 우리가 몰랐던 통역의 중요성, 정복의 열쇠 _ 33
4. 말린체와 배반의식 _ 39
5. 말린체의 삶, 그 이후 _ 45
6. 신비로운 호수의 섬, 멕시코시티 _ 50
7. 팔렝케 파칼 왕 무덤의 비밀 _ 58
8. 메소아메리카와 피라미드 _ 63
9. 중남미 최대의 피라미드, 테오티우아칸 _ 66
10. 케찰코아틀 귀환에 관한 의문 _ 72
11. 멕시코 문화역사의 자존심, 국립인류학박물관 _ 77
12. 처음으로 샅샅이 둘러본 박물관, 국립인류학박물관 기행 _ 83
13. 영광과 최후 저항의 상징, 차풀테펙 성과 소년 영웅탑 _ 97
14. 정복당한 자의 시선, 원주민 관점에서 본 스페인의 정복 _ 101
15. 영광의 100주년 독립기념탑, 비운의 200주년 독립기념탑 _ 105
16. 대통령궁과 디에고 리베라의 벽화 _ 112

제3장 독특함이 넘치는 풍요로운 문화

1. 아름다운 성모님, 과달루페 성모님의 발현 _ 122
2. 과달루페 성모님 발현에 관한 다른 이야기들 _ 127
3. 멕시코 국민주 테킬라 _ 132
4. 멕시코의 맥주시장 _ 136
5. 멕시코의 숨겨진 전통주 _ 139
6. 멕시코의 주식 옥수수에 담긴 비밀 _ 143
7. 유전자 변형 옥수수 _ 146
8. 오아하카 커피의 위기 _ 149
9. 환상적인 멕시코 공예품, 알레브리헤 _ 152
10. 멕시코의 음식 자랑 _ 157
11. 독립의 외침 _ 162
12. 멕시코 올림픽 선수촌 이야기 _ 165
13. 멕시코의 세종문화회관, 예술궁전 _ 168
14. 화려한 나비 떼의 귀환 _ 172
15. 성탄절 꽃 이름, 크리스마스이브 _ 176
16. 멕시코시티의 강남, 폴랑코(Polanco) _ 180
17. 디즈니 영화 <코코>, 망자의 날 _ 185
18. 비운의 프리다 칼로 _ 189
19. 공학기술을 이용한 문화재 건물 이사 _ 193
20. 멕시코 문학의 거인, 옥타비오 파스 _ 196
21. 멕시코의 영원한 국민가수, 후안 가브리엘 _ 199

제4장　많은 인구만큼이나 복잡 다양한 사회

1. 멀고 먼 치안 험로 _ 204
2. 멕시코시티에는 마약 카르텔이 정말 없는 걸까? _ 207
3. 멕시코에서 애국심이란? _ 211
4. 멕시코판 세월호 사건, 교대생 43명 실종 사건 _ 214
5. 세계 최악의 교통지옥, 멕시코시티 _ 217
6. 날아가는 새가 떨어지다, 스모그에서의 탈출 _ 220
7. 칸쿤의 탄생 _ 224
8. 아카풀코의 이면 _ 229
9. 국민 건강, 보건의 경고등 _ 233
10. 일상화가 되어버린 교도소 폭동 _ 236
11. 마약 재배 농가의 모순 _ 239
12. 멕시코 장례산업의 이면 _ 243
13. 멕시코 사람들의 평균 신장 _ 246
14. 진보적 인권의 나라, 동성애 천국 _ 249
15. 허망한 교육개혁, 학습능력평가(PISA) 결과 _ 251
16. 급속한 멕시코 사회의 노령화 _ 254
17. 1968년 멕시코의 비극 _ 256
18. 치안 악화와 산업계의 우려 _ 260
19. 터널 왕국, 미국과의 접경지대 _ 263
20. 멕시코의 지진과 화산 _ 267

제5장 모순과 도전의 정치경제

1. 진퇴양난의 이민정책 _ 274
2. 롤러코스터 경기 변동 _ 277
3. 낮아도 너무나 낮은 최저임금 _ 280
4. 무려 3천 킬로미터의 국경 _ 283
5. 세계 최고의 부자, 카를로스 슬림 _ 286
6. 새로운 도전, 로페스 오브라도르 정부 출범 _ 289
7. 새로운 미국-멕시코-캐나다 무역협정(USMCA) _ 293
8. 미국 인구의 10%가 멕시코계 _ 296
9. 세 번째로 많은 외화 수입원 _ 299
10. 세계 최장수 집권당, 제도혁명당(PRI) _ 302

제6장 한국과 멕시코의 연결고리

1. 한-멕시코 관계 현황 _ 308
2. 100여 년 전의 멕시코 이민 _ 311
3. 검은 꽃 _ 315
4. 두 개의 이민사회 _ 319
5. LA와 멕시코 한인 후손 _ 323
6. 한국에서 다시 만난 한인 후손 _ 326
7. 멕시코 박물관의 한국실 _ 331
8. 한-멕시코 직항로 개설 _ 333
9. 개정된 NAFTA 협정과 우리 기업의 명암 _ 336
10. 한국 TV 프로그램 속의 멕시코 _ 340
11. 잊혀진 멕시코 영웅들 _ 344

제7장　결론, 나의 멕시코

1. 나만의 멕시코 _ 350
2. 혼합이 새로움을 창조하는 곳 _ 352
3. 미래의 멕시코 _ 355

제8장　후기

1. 멕시코를 떠나며 _ 360
2. 너무 빨리 찾아온 재방문 기회 _ 362
3. 월드컵이 맺어준 형제 국가 _ 365
4. 계속되는 인연들, 만들어가는 인연들 _ 369

3.
왜 멕시코인가
- 우연 또는 필연?

　개인적으로 30여 년 전 대학시절 스페인어를 공부하면서 스페인어권 국가 중 유독 멕시코에 대해 갖고 있던 의문이 있었다. 이 의문은 2014년 8월 멕시코에서 근무하게 되면서 이해할 수 있었으니 한참이나 오랜 기간 동안을 알아보지도 않고 가슴속에 의문만 품고 살아온 셈이다. 그 의문 중의 하나는 멕시코시티가 한때 호수 위에 세워져 지반이 약하다는 얘기를 교수님으로부터 들었는데, 호숫가 섬이었던 도시라면 주변의 그 많은 물은 모두 어디로 사라지고 오늘날 육지뿐이라는 것이 이해하기 어려운 점이었고, 또 다른 의문은 소수의 스페인 병사들에 의한 아스테카 제국 정복이 실제 어떻게 이루어졌는가에 관한 것이었다.

　난 대학을 다닐 때 졸업 후 스페인어를 활용할 수 있는 직업을 생각하다 외교관이 되는 길을 준비하였다. 당시 선배들을 통해 외교부에 들어가면 2~3년 근무 후 해외연수 기회가 주어진다는 얘기를 듣고 있던 차라 난 그 기회를 이용해서 다소 엉뚱하게도 멕시코로 가 고고학을 공부해보고 싶다는 생각을 하게 되었고, 그것이 외교관이 되기 위한 험난한 시험길을 버티게 해주는 큰 위안이 되었다. 그러나 외교부에 들어와서 거의 절반을 스페인어권에서 근무하면서도 이 꿈은 기억 저편에 깊숙이 묻혀버렸다. 그 의문이 해결된 것은 의외로 아들의 교육문제 때문이었다. 아들이 고2에 진학하게 되면서 당시 2년 반을 근무했던 네덜란드 대사관에서 아들이 졸업할 때까지 2년 이상을 더 있을 수 없어 새로운 근무 공관을 물색해야만 했는데, 당시 내가 중남미에서 갈 수 있는 자리는 멕시코가 유일했다.

당연한 얘기지만 멕시코에 와서야 비로소 멕시코가 여타 중남미 국가와는 현저히 다른 국가임을 느꼈고, 멕시코의 대국적인 스케일, 열심히 분주히 일하는 멕시코 사람들, 이들의 따뜻한 마음, 그리고 치안 불안감 등 복합적인 모습을 이해할 수 있었으며, 오래전 갖고 있었던 의문들도 풀 수 있었기에 이제 멕시코는 단순히 오늘날 중남미 국가 중의 하나가 아니라 내 마음속엔 내가 애착을 갖고 살아간 '나의 멕시코'가 된 것이다. 이런 의미에서 멕시코는 나에게 중요한 의미를 갖는다. 물론 이전에 살았던 영국, 스페인, 아르헨티나, 벨기에, 네덜란드 등도 나의 인생의 관점에서 보면 모두 소중한 추억으로 남는다. 이런 소중함을 뒤늦게 깨닫고 멕시코부터라도 기록을 남기기로 했다.

최근 한국 내에서는 멕시코에 대한 관심이 부쩍 높아져 다소 퓨전이기는 하나 멕시코 식당들이 제법 눈에 띄고, TV 프로그램에서는 크리스티안이라는 한국말을 아주 잘하는 멕시코 친구가 나오고, 한국 여행이 처음인 멕시코 친구 3명의 종횡무진 기행담을 재미있게 담아 멕시코 사람들이 실제로 어떻게 생각하고 행동하는지 그들의 삶을 이해하고 동시에 멕시코를 알리는 좋은 기회가 되었다. 또한 2017년 7월 멕시코항공AeroMéxico의 서울-멕시코시티 직항 개설로 상호 방문객이 많이 늘었다. 보안검색이 까다롭기로 유명한 미국을 거치지 않고도 쉽게 멕시코를 갈 수 있는 장점을 살려 한국 관광객이 많이 늘었다. 또한 많은 예능 프로그램들이 멕시코에서 촬영되어 방영되고 있어 국내에서도 많은 사람들이 멕시코에 대해 접할 기회가 많아졌다. 그러나 2020년 초반 코로나 바이러스로 세계가 전대미문(前代未聞)의 비상사태를 맞이했다. 멕시코도 예외는 아니어서 많은 감염자와 희생자가 발생했다. 당분간은 해외여행이 어려운 게 비단 멕시코만은 아니겠으나, 사태가 완화되면 조만간 다시 멕시코로 가는 길에는 많은 여행객들의 발길이 이어질 것으로 기대한다.

우리 주위에는 멕시코를 소개하는 책들이 있다. 여행 가이드북일 수도 있고, 전문서적이나 수필집일 수도 있다. 이 책 〈나의 멕시코, 깊숙이 들여다본 멕시코〉는 멕시코 내에서 직접 살아가면서 다양한 부류의 여러 사람들을 만나고, 매일 매일 여러 종류의 신문과 관련 서적들을 읽고, 멕시코 사람들의 생각을 들어보고, 각종 유적지를 방문해 멕시코 역사의 자취를 느끼면서 들었던 생각들을 기록한 그야말로 나의 주관적인 멕시코 사람들과 생활상에 관한 기록이다.

내가 멕시코를 접하게 된 것이 어쩌면 외교부 근무상 우연일 수도 있고, 또, 어쩌면 대학시절 가졌던 의문을 풀어주기 위한 오랜 시간 끝에 찾아온 필연일 수도 있다. 우연이든 필연이든 이제 멕시코는 나에게 있어 소중한 정신적 자산이 되었다. 주관적 의견이라 오류가 없을 수 없으나, 그럼에도 불구하고 여행을 준비하거나 멕시코에 관심 있는 분들에게는 멕시코 사회의 드러나지 않는 속살을 들여다볼 수 있는 유용한 기회가 되기를 기대해 본다.

멕시코시티에서 동북쪽으로 약 40킬로미터 정도 떨어진 곳에 테오티우아칸(Teotiuacan) 피라미드 유적이 있다. 멕시코 내에는 약 3천여 개의 피라미드가 있다고 하는데 그중 가장 유명하고 잘 알려진 피라미드 중의 하나이다. 테오티우아칸은 '신들의 도시'라는 뜻이라고 한다. 여기에는 2개의 대표적인 피라미드가 있는데 태양의 피라미드와 달의 피라미드이다. 태양의 피라미드는 이집트 기자의 피라미드보다 높지는 않지만 밑변의 길이는 더 길다고 하니 규모를 짐작할 수 있을 것이다.

Mexico

제2장
―

신비하고도
비운이 가득한 역사

1.
멕시코, 발견인가 창조인가?

　서구적 시각에서 보자면 멕시코는 분명 1519년부터 약 2년간에 걸쳐 스페인 사람들이 아스테카 제국을 발견하고 이를 정복한 대상이라고 할 것이다. 하지만 정말 이곳에 이미 문명을 이루고 있던 원주민(아스테카 및 마야 사람들)의 입장에서 보면 발견이란 단어는 많은 사람들이 지적해왔듯이 적절해 보이지 않는다. 이보다 앞서 1492년 콜럼버스가 서인도 제도에 도착했을 때인 10월 12일을 기념하여 오랫동안 '콜럼버스의 날Columbus Day'로 칭해왔다. 반면, 1992년 신대륙 발견 500주년을 맞았을 때 아메리카 대륙을 중심으로 유럽적 시각의 오류를 잡는다는 차원에서 '발견의 날'이 아닌 '인종의 날'로 하자는 주장도 제기되었다.

　이제는 더 이상 '콜럼버스의 날'이라는 명칭을 처음 들어봤다는 사람들이 많을 정도로 잘 사용되지 않는다. 최근 미국에서 경찰의 흑인 체포 과정에서 목을 무릎으로 눌러 사망케 한 사건으로 촉발된 인종차별 반대시위 과정에서 콜럼버스 동상이 훼손되는 현상에서 보듯이 우리는 역사에 대한 새로운 재평가 과정에 도달해 있음을 보게 된다. 이러한 차원에서 발견이란 용어도, 또한 인종의 날이라는 명칭마저도 모두 적절하지 않을 것 같다. 특히나, 외부인에 의해 전통과 존립 기반을 모두 빼앗겼던 중남미 사람들에게는 아물지 않은 상처와 같이 아픔이 배어나는 말일 뿐이다.

그러나 스페인 사람들의 소위 '발견' 이후 많은 중남미 국가들에서는 복잡하고 다양한 형태로 국가 구성원들이 이루지는 현실 속에서 볼 때 멕시코는 다른 나라들과는 좀 더 다른 특징이 있다. 그 특징이라는 것은 멕시코 사회계층의 다수는 백인도 아닌, 원주민도 아닌 이들의 혼혈인 메스티소Mestizo가 압도적인 대다수를 차지한다는 점이다. 물론 아직 백인이나 원주민 인디오들의 비중이 아주 적지는 않지만 다수는 이들 메스티소이다. 물론 다른 중남미 국가에서도 혼혈이 광범위하게 존재하지만 멕시코만큼 인구의 대다수를 이루는 경우는 드문 것 같다.

이러한 의미에서 멕시코는 일반적으로 혼혈이라는 열등의 이미지보다는 새로운 인종의 창조라고 하는 긍정적 의미를 부여하고, 이들 중심의 사회를 이끌어왔다고 말할 수 있다. 적어도 현대 멕시코에서의 메스티소의 위상은 다른 인종과 다름이 없이 적극적이고 참여적인 주류를 이루고 있다. 창조란 용어가 과할 수 있겠으나, 멕시코 사회 내에서 보면 유럽인의 후손의 나라도 아닌, 아스테카와 마야의 후손의 나라도 아닌 멕시코 그 자체의 나라라고 내게는 보인다. 300여 년에 걸친 스페인의 식민통치와 태고로부터 전해지는 고대 문명, 그리고 아스테카 문명 등의 유적과 문화의 모습도 많이 남아있지만, 어떤 면에서는 이전과 다른 새로운 구성원이 주인이 되어 역사를 이어왔다고 하는 편이 더 정확할 것이다. 이러한 의미에서 멕시코는 다른 어떤 중남미 국가와는 차원이 다른 새로운 민족의 창조이자, 새로운 국가의 건설을 향해 박차를 가해 나가는 곳이다.

여전히 상류층의 백인 비중이 높은 점이나 근대까지도 정치 지도자들은 중남미 태생의 스페인계 후손인 크리오요Criollo가 대다수를 차지한 것은 사실이나, 현대에 오면서 민중의 기반이었던 메스티소의 꾸준한 부상이 이어져 왔다. 외국인인 나의 눈에는 행정부건, 입법부건, 사법부건 간에 고위직에 있는 메스티소 인사들을 만날 때면 멕시코는 메스티소가 주축이 된 진정한 창조의 나라가 되어 차별이 없는 것처럼 보인다. 우리가 바라지 않아도 어느 사회나 불가피하게 차별이 있을 수밖에 없다. 멕시코도 예외는 아닐 것이다. 다만, 차별받고 사회적 약자로 전락하기 쉬운 혼혈인이 주류가 되어 부정적 이미지를 부수고 적극적이고 긍정적인 사회 주역으로 부상한 것은 바람직한 일이라 할 것이다.

좀 다른 각도에서 멕시코의 사상가이자 역사가인 카를로스 푸엔테스Carlos Fuentes는 〈라틴아메리카의 역사〉라는 책에서 역사학자인 에드문도 오고르만Edmundo Ogormann의 주장을 소개한다. 오고르만은 아메리카가 발견된 것이 아니라 유럽인들의 상상력을 통해 만들어진 것이라고 주장하였다. 즉, 최초에 유럽인이 아메리카에 왔을 때 유토피아를 꿈꾸며 왔으나 현실이 그렇지 않음에도 불구하고 소위 황금나라가 존재한다는 유토피아를 끊임없이 추구해 나간 역사라는 것이다. 카를로스 푸엔테스는 이에 더하여 스페인계 후손인 오늘날의 중남미 사람들은 숙명적으로 유토피아를 찾아야 한다는 일종의 강박관념과 운명을 타고날 수밖에 없었다고 진단한다.

이러한 진단은 아메리카가 발견의 대상이고, 그 발견은 당시 유럽인들이 꿈꾸던 낙원을 찾거나 또는 만들기 위해 끊임없이 탐험하던 과정에서 중남미 사람들이 운명처럼 유토피아를 찾아야 하는 숙명에 끼워 맞춰지고 이를 물려받았다는 점에서 외생적 요인을 크게 강조하는 것으로 보인다. 하지만, 지난 500여 년간 제국의 몰락과 희생을 감내해온 원주민들의 고통스런 삶과 새로운 지배자의 가혹한 통치를 감안하면 중남미 사람들이 유토피아 건설의 숙명을 지어왔다고 말하는 것은 매우 수긍하기 어려운 점이다. 다른 중남미 국가와 달리 특히, 멕시코에서 보자면 메스티소가 중추집단인 이곳은 적어도 스페인 사람들에 의해 최초에 발견되었다는 주장을 설령 받아들인다 해도 이후의 멕시코의 항적은 메스티소에 의한 창조에 의해 뒷받침되었다고 하는 것이 더욱 설득력이 있을 것이다.

마지막으로 멕시코 사람들이 느끼는 코르테스의 아스테카 정복에 대한 생각은 어떠할까? 멕시코시티 중심에 위치하는 소칼로Zócalo 광장에서 그리 멀지 않은 곳에 틀라텔롤코Tlatelolco라는 지역이 있다. 이곳에 삼문화(三文化) 광장이라고 있는데 말 그대로 아스테카의 피라미드 유적과 스페인 사람들의 카톨릭 성당, 그리고 현대의 멕시코 등 세 개의 문화가 한 곳에 만나는 곳이다. 이 광장 한쪽에 기념비가 있는데 거기에 새겨져 있는 비문의 내용이 아마도 멕시코 사람들이 스페인 사람들의 아스테카 정복에 관해 느끼는 솔직한 심정을 대변하고 있다고 생각된다.

틀랄텔롤코 삼문화 광장의 기념비문

"1521년 8월 13일, 쿠아우테목 황제가 용맹스럽게 방어하던 틀라텔롤코는 에르난 코르테스에 의해 함락되었다. 어느 누구의 승리도 패배도 아니었다. 오늘날 멕시코라는 메스티소 민족의 고통스런 탄생이었다."

2.
서구와의 첫 대면

1519년 에르난 코르테스Hernán Cortés의 멕시코 원정이 있기 이전에 다른 탐험가들이 있었다. 그들은 비록 코르테스처럼 성공하지는 못했지만 몇 가지 남아있는 기록으로 그들의 멕시코 동부 유카탄 반도에 살고 있던 원주민과의 첫 대면을 추적해볼 수 있다. 1517년 2월 당시 쿠바 총독이었던 디에고 벨라스케스Diego Velázquez는 프란시스코 데 코르도바Francisco de Córdoba 지휘 하에 총 3척으로 구성된 탐험대를 출발시킨다. 이 탐험대는 유카탄 반도 돌출부위 상부 동쪽지역에 최초로 상륙하게 된다. 오늘날 지명으로 카토체 만Cabo Catoche이라는 곳이다. 현재 이곳은 육로로는 접근이 거의 불가능하고 소형선박을 통해 바다 쪽으로 접근이 겨우 가능한 곳이다.

농담 중에 영국 사람들이 호주를 발견해 원주민들에게 두 발로 선 채 깡충깡충 뛰어다니는 커다란 짐승을 가리키며 그것이 무엇인지를 물었더니, 캥거루라고 해서 그러한 이름이 붙여졌는데, 나중에 보니 원주민 말로 '모른다'라는 뜻이었다는 얘기가 있다. 이와 같은 일들이 15세기 말 서구의 중남미 발견 이후 많이 일어났을 것이다. 오늘날 카토체 만이라는 말도 뒤에 설명하겠지만 알고 보면 다소 엉뚱하게 지명이 된 사례이다.

원주민들과의 첫 대면을 상세히 알 수 있는 것은 프란시스코 데 코르도바 탐험대에 참여했던 글을 읽고 쓸 줄 알던 24세의 청년병사 베르날 디아즈 델 카스티요Bernal Díaz del Castillo가 말년에 남긴 기록인 누에바 에스파냐 정복 이야기La Historia de la Conquista de Nueva España라는 책 덕분이다. (누에바 에스파냐는 스페인어로 '새로운 스페인'이라는 뜻으로 스페인 사람들의 정복 이후 멕시코 지역에 붙여진 이름이다.) 베르날 디아즈는 1517년 프란시스코 데 코르도바의 탐험에 참여한 이후 1518년 후안 데 그리할바Juan de Grijalva의 탐험 및 1519년 에르난 코르테스의 원정에도 참여한다. 그는 당시 드물게 장수한 사람 중의 하나였는데 89세를 일기로 과테말라에서 가난하게 사망한다. 그는 70세가 넘어서 눈이 안 보이고 귀가 안 들리는 상황에서 기록을 시작했다고 한다. 멕시코 정복을 위한 항해에 참여한 지 거의 50년 후에 기록이니 정확치 않을 것이라는 생각도 들지만 실제 읽어보면 뛰어난 필체는 아니나 매우 생생한 기억으로 많은 기록을 남겼다.

에르난 코르테스 자신이 직접 쓴 멕시코 정복관계 서한Cartas de Relación de la Conquista de México은 자신의 쿠바 총독에 대한 반역을 합리화하고, 스페인 국왕을 위한 충성심으로 미화하려는 목적으로 쓰였기 때문에 스페인 탐험대는 공적을 세우면서 큰 어려움 없이 모험을 진행한 것으로 알고 있었는데, 베르날 디아즈의 기록을 읽어보면 생생하고도 재미를 더해줄 뿐만 아니라 초기 탐험에서 원주민들의 공격과 저항으로 상당히 많은 피해를 받은 어려운 과정이었음을 알게 해준다. 아래 내용은 베르날 디아즈의 책 The Conquest of New Spain, John M. Cohen 역, 1963에서 간추려 옮긴 내용인데 초기 멕시코 탐험의 험난했던 과정이 생생하다.

베르날 디아즈는 카토체 만 해안에 도착했을 때 조우했던 원주민들로부터 들은 소리를 스페인어로 기록했는데 그 말은 'Cones Catoche'였다. 여기서 현재의 지명인 카토체 만Cabo Catoche이 나왔는데, 실제 그 말뜻은 마야어로 '우리 집으로 갑시다.'라는 뜻이었다고 한다. 그런데 첫 번째 만남에서 따뜻한 환대는 잠시일 뿐 오래 가지 못했다. 1517년 3월 4일 스페인 선박이 해안에 다다르자 10척의 카누에 나눠 탄 원주민들이 선박으로 다가왔고, 이들 중 30여 명이 배에 올라와 신기한 듯 여기저기를 둘러보았다. 스페인 사람들은 그들에게 녹색 구슬 목걸이를 주었고, 원주민들은 기뻐했으며, 모든 의사소통이 몸동작에 의한 추측이었다.

다음날 원주민 추장이 많은 카누 배와 함께 다시 찾아왔다. 원주민들이 미소와 호의적인 모습을 보였고, 스페인 탐험대는 그들이 권하는 대로 카누를 타고 상륙을 했다. 스페인 사람들은 칼이며, 석궁, 그리고 화승총 등 무기를 소지하고 육지 쪽으로 출발했다. 스페인 사람들은 원주민들을 따라가다가 조그만 언덕배기에 이르자 원주민들이 갑자기 소리를 지르면서 공격해왔다. 원주민들이 쏜 화살에 13명이 부상을 입었지만, 곧바로 스페인 병사들이 창과 투석기를 들고 바로 쫓아와 반격에 나서 원주민 15명을 사살하였으며, 2명의 포로를 잡았다. 2명의 생포된 인디언은 당시 마야 사람들이 멋스럽게 생각한 사시 눈을 갖고 있었는데, 스페인 사람들은 이들에게 훌리안Julian과 멜치오르Melchior라는 이름을 붙여주고 세례를 행했다.

스페인 사람들은 이들을 전쟁 포로로 다루지 않았고 동물처럼 무자비하게 다루었는데, 결국 이러한 태도가 이후 300년간 중남미 원주민들이 겪어야 하는 불평등한 대우의 발단을 보여준 것이라고 할 수 있다. 스페인 사람들은 포로 2명을 통역 역할로 사용했지만 얼마나 효과적인 의사소통이 되었는지는 알 수 없다. 멜치오르는 후에 에르난 코르테스의 멕시코 원정에도 동행하는데 초기 유카탄 지역 탐험과정에서 프론테라Frontera 지역에서의 원주민과의 전투 와중에 도망치게 된다. 프론테라 전투에서 그가 사라진 것이 스페인군의 유일한 손실이었다고 기록되고 있어 그의 마지막 행적을 알 수 있다. 하지만 그 이후 아무도 멜치오르의 행방을 들은 사람은 없었다.

스페인 사람들이 처음 전투를 벌인 곳인 카토체 만에는 지금도 스페인 사람들이 세운 등대와 교회 터가 여전히 남아있다. 2013년 폭풍으로 무너진 후 버려진 곳으로 지금은 가끔 현지 어부들이 어로작업이나 폭풍을 피하는 임시 거처의 역할을 할 뿐인 것으로 알려져 있다. 출처: 1519, A Journey to the End of Time, John Harrison, 2015 그렇게 멕시코의 서구와의 첫 번째 접촉은 아픔과 쓰라림, 무모함으로 밀림 속에서 잊혀가고 있다.

3.
우리가 몰랐던 통역의 중요성, 정복의 열쇠

흔히들 서구(구체적으로 스페인 중심)의 신대륙 발견 및 정복의 요인으로 드는 몇 가지 이유가 있다. 언젠가 동쪽으로부터 수염을 휘날리며 하얀 피부를 가진 비의 신인 케찰코아틀Quetzalcoatl이 돌아온다는 아스테카의 전설에 따라 에르난 코르테스의 일행을 바로 이 신의 현신으로 보고 초기 이들을 경계하지 않고 극진히 대해주는 실수를 저질렀다는 것도 그중의 하나이다. 또한, 스페인 측 기록을 보면 정복자들의 무기의 우수성, 특히나 말을 처음 접한 아스테카 전사들의 무서움과 공포를 극대로 과장하고 있기도 하다. 스페인 사람들이 가져온 바이러스에 의해 수많은 원주민들이 죽어 전투력과 의지가 크게 상실되었다는 것도 역시 중요한 이유 중의 하나이다. 아스테카 제국 밑에 복속되어 있는 많은 다른 민족들이 아스테카의 강압적인 지배에 대해 불만을 갖고 있었고, 이들의 불만을 전략적으로 잘 활용하여 아스테카 군대를 쉽게 무찌르는 데 도움이 되었다는 주장도 있다. 아마도 이러한 이

유 외에도 스페인의 정복이 쉽게 가능했던 이유들을 더 많이 꼽을 수 있을 것이다

그런데 통역의 역할에 대해서는 그리 큰 평가가 없다. 흔히들 알고 있듯이 아스테카와의 의사소통에 있어 베라크루스 지역 원주민 추장의 딸이자 에르난 코르테스의 정부였던 말린체의 역할은 비교적 잘 알려져 있다. 하지만 에르난 코르테스와 말린체 간의 의사소통 부분에 대해서는 그것이 실제로 어떻게 가능했는지는 많이 알려져 있지 않다. 어쩌면 이러한 알려지지 않은 연결고리가 멕시코 정복의 가장 큰 요인 중의 하나라고 생각해도 무방할 정도이다.

간단히 말하자면 에르난 코르테스의 멕시코 정복과정에서 특히 초기의 의사전달은 3가지 언어 간의 단계적인 순차 통역방식이 사용되었다. 즉, 스페인어에서 마야어로, 그리고 마야어에서 아스테카의 언어로 통역이 이루어졌다. 아스테카는 마야어와는 다른 나우아틀Náuatl어를 사용하는 나라였다. 말린체는 멕시코 내에서도 동쪽에 있는 베라크루스 지역의 토착 원주민 추장의 딸 출신이다. 중앙의 아스테카 제국과는 다른 마야 문명의 영향권에 있던 지역으로 마야어를 사용했지만 나우아틀어도 알고 있었다. 에르난 코르테스가 베라크루스 지역을 지나가면서 정복한 원주민 마을의 추장으로부터 약 20여 명의 여자를 일종의 공물로 받

는데, 그중의 한 명이 바로 말린체였다. 말린체는 매우 똑똑한 여자였던 것 같다. 그녀는 에르난 코르테스와 동행하면서 빠른 시일 내에 스페인어를 습득할 수 있었다. 그녀는 모국어라 할 수 있는 마야어를 당연히 구사할 수 있었고, 아스테카어(나우아틀어)도 알고 있어서 아스테카와의 의사소통에 매우 중요한 역할을 하였다. 물론 이런 점이 말린체의 후손이라고 할 수 있는 현재 멕시코의 틀락스칼라 주 주민들로 하여금 배신자의 후손이라는 굴레를 씌우고 있기도 하다.

그렇다면 초기에 마야어-나우아틀어 통역을 말린체가 맡았다면, 과연 스페인어를 말린체에게 마야어로 전달한 사람이 누구였는지에 대해 궁금증이 생긴다. 에르난 코르테스가 벨라스케스 쿠바 총독의 출항금지 명령을 무시하고 멕시코 원정을 감행한 것이 1519년 2월 10일이었다. 이는 콜럼부스가 아메리카를 발견한 1492년 10월로부터 약 27년이 지난 시점이었다. 이 사이에 콜럼부스 역시 4차례 항해를 하지만, 다른 많은 모험가들도 새로운 발견을 위해 출항을 하였고, 카리브 해, 특히 총독부가 세워진 쿠바를 중심으로 아메리카 대륙 내부탐험을 위해 모험을 떠났다. 이때까지 그다지 성공한 사례가 없는 가운데 많은 실패한 사례와 돌아오지 않는 사례가 있었다.

에르난 코르테스는 초기 멕시코로의 항해에서 그보다 앞서 모험을 위해 떠났던 실종된 스페인 선원을 발견하게 된다. 헤로니모 데 아길라르Jerónimo de Aguilar와 곤잘로 게레로Gonzalo Guerrero라는 선원이었다. 이들은 1511년경 오늘날 파나마 다리엔Darién에서 도미니카의 산토도밍고로 물건을 수송하기 위해 항해를 하다 난파를 당한 선박에서 살아남은 사람들로서 현지인에 동화되어 살면서 자연스럽게 마야어를 체득한 사람들이었다. 이들 중 곤잘로 게레로는 결국 코르테스 일행과 합류하지 않고 현지인으로서 살아가기를 희망했다. 이 이야기는 미국영화 '늑대와 춤을'을 연상케 한다. 케빈 코스트너가 연기했던 존 던바 중위가 인디언에 동화되어 '늑대와 춤을'이라는 이름으로 개명하고 인디언을 토벌하는 미군에 끝까지 대항했다. 아마 거꾸로 영화의 원작 소설가가 곤잘로 게레로의 이야기를 모티브로 삼지 않았을까 상상해본다. 어쨌든 나머지 한 명인 헤로니모 데 아길라르는 코르테스와 합류하면서 초기 스페인어와 마야어 간의 의사소통에 결정적 역할을 하였다.

코르테스 일행이 헤로니모 데 아길라르를 만난 것도 기적과 같은 우연이었다. 베르날 디아즈가 1517년 프란시스코 데 코르도바 항해에 참여했을 당시 캄페체Campeche 지역에서 만난 원주민들이 "카스틸란(카스티야 사람)"이라고 외쳤는데 당시 이게 무슨 말인지 몰랐다. 나중에 코르테스에게 이 이야기를 한 적이 있는데, 코르테스는 이 말을 듣고 아마도 스페인(카스티야) 사람이 있을지도 모른다고 생각하고 코수멜Cozumel 섬에 도착했을 때 이들의 행방을 수소문한다. 카토체 만에서 포로로 잡힌 마야어가 모국어인 멜치오르를 통한 통역이었는데 뜻밖에 원주민들로부터 내륙에 스페인 사람이 노예로 살고 있다는 얘기를 듣는다. 코르테스는 원주민 상인들에게 스페인어로 된 편지와 주인에게 줘야 할지도 모르는 보상금을 주면서 이를 스페인 노예에게 전달해줄 것을 부탁했다. 편지를 받으면 해안가에서 8일 동안 정박하면서 기다리고 있을 테니 배로 오라는 내용이었다. 이 편지를 전해 받은 아길라르는 그리 멀지 않은 곳에 원주민 여자와 결혼해 살고 있던 곤잘로 게레로를 찾아가 같이 갈 것을 설득하지만 게레로는 원주민 마을에 남기를 원한다. 아길라르가 단념하고 혼자 해안에 가보았지만 때는 이미 8일이 지나 배가 없었고, 낙심한 아길라르는 다시 돌아갈 수밖에 없었다.

만약 일이 여기서 이렇게 끝났다면 코르테스의 정복이 가능했을까? 코스멜 섬에 머물던 코르테스는 스페인 사람을 찾지 못하자 탐험대를 이끌고 출항을 한다. 그러나 얼마 가지 않아 식량으로 카사바 빵을 잔뜩 실은 배 한 척에 물이 새기 시작했다. 결국 코르테스는 전 선박을 다시 코스멜로 향할 것을 명령한다. 이렇게 다시 돌아온 코르테스는 물이 새는 선박을 수리하느라 며칠을 소비했다. 이 사이 스페인 탐험대가 다시 돌아왔다는 소식을 전해들은 아길라르는 길을 재촉해 코스멜로 와서 극적으로 코르테스를 만나고 탐험대에 합류하게 된다. 이로써 8년이나 마야 원주민들과 살아 마야어에 능통한 통역관을 얻게 된 코르테스의 정복은 적어도 언어 소통의 문제를 대폭 해결할 수 있었다.

역사에 가정은 없다지만, 만약 코르테스가 헤로니모 데 아길라르를 만나지 못했다면, 또한 말린체를 만나지 못했다면 과연 코르테스는 600여 명 규모의 소수 인원으로 수십만 병력의 아스테카 제국을 정복할 수 있었을지는 큰 의문이 든다. 결국 에르난 코르테스의 멕시코 정복 성공은 그의 지도력도 있지만, 몇 단계를 거쳐 언어 소통을 통해 파악할 수 있었던 아스테카 제국 내부의 정세를 파악하고, 아스테카 제국의 목테수마 황제와의 의사소통이 이루어져 가능했다. 통역이 세계사를 크게 변화시키면서 아스테카 제국의 정복을 앞당기는 요인으로 작용한 사례라고 말할 수 있을 것이다. 비록 에르난 코르테스가 이들 통역을 만나지 못해 의사소통의 어려움으로 만약 멕시코 정복에 실패했더라도 멕시코가 후에 결국은 다른 서구 세력에 의해 침략을 받았을 가능성이 여전히 매우 컸겠지만 말이다.

4.
말린체와 배반의식

말린체Malinche는 에르난 코르테스가 멕시코 정복을 위해 서진하면서 마야 원주민들로부터 공물로 바쳐진 여인이다. 그녀의 기구한 인생과 탁월한 언어 능력으로 코르테스의 아스테카 정복 과정에서 결정적인 역할을 한 인물이다. 그녀의 마야어와 아스테카의 나우아틀Náuatl어 구사 능력이 아스테카 제국 내부의 분열과 갈등 관계를 파악하고, 이를 활용한 전략 구사에 지대한 영향을 미치게 된다.

말린체에 대한 평가는 상반적이다. 반역자라는 견해가 우세했던 때가 있었다. 말린체주의Malinchismo는 자기 동족보다는 외래 민족을 선호하는 경향을 의미하기도 했다. 한편으로는 60년대 중남미의 새로운 노래문화운동과 페미니즘의 영향으로 새로운 해석이 나오게 된다. 말린체는 배신자가 아닌 두 문명의 세력에 갇혀 이러지도 저러지도 못한 운명의 힘을 거스를 수 없는 희생생자로서, 더 나아가 메스티소라는 새로운 종족의 어머니로 해석된다.

말린체는 스페인 사람들이 붙인 이름이다. 원래 그녀의 이름은 말리날리Malinalli였다. 나우아틀어로 약초의 신 또는 12번째 날이라는 뜻이라고 한다. 그녀는 파이날라Paynala라는 해안가 마을의 추장의 딸로 태어났으나, 그녀의 어머니는 남편이 죽고 재혼하면서 생긴 아들의 승계를 확고히 하고자 어린 딸을 팔았다고 한다. 혹은 딸을 살리기 위해 죽은 여종을 묻고 딸이 죽은 것으로 가장한 후 노예 거래상에 넘겼다는 얘기도 있다. 말린체가 태어난 마을은 마야 세력권 내에 있던 마을이지만 아스테카와 활발한 교역을 하고 있어 나우아틀어도 사용되는 곳이어서 말린체는 나우아틀어를 자연스레 익혔으며, 팔려간 곳인 포톤찬Potonchan은 마야어를 사용하는 곳이어서 두 가지 언어에 능통한 상태였다.

1519년 코르테스 일행이 멕시코로 서진하면서 타바스코 지방의 마야 부족과 싸워 이긴 후 마야 부족은 20명의 여자를 공물로 스페인군에 바쳤다. 이때 말린체의 나이가 18~19살이었다고 한다. 이런 기록들은 같이 동행했던 군인이자 작가인 Bernal Díaz del Castillo의 기록The Conquest of New Spain, John M. Cohen 영역에 남아있다. 코르테스는 이들 인디언 여인들을 받기 전에 세례를 받아야 한다고 주장했고, 이때 말린체의 세례명은 원래 이름과 비숫한 Marina로 정했는데, 마야 사람들은 'r' 발음을 잘하지 못해 Malina라고 불렀고, 거기에 '님'이라는 원주민들의 존칭사인 'tzin'을 붙여 Malintzin이라고 불렀다고 한다. 이를 스페인 사람들은 Malinche라고 하는 것으로 알아듣고 그렇게 부르게 되었다고 한다.

베르날 디아즈Bernal Díaz뿐만 아니라 로드리게스 데 오카냐 Rodriguez de Ocaña 등도 만약 말린체가 없었다면 멕시코 정복이 불가능했거나 또는 시간이 많이 소요되었을 것으로, 지체되는 동안 아스테카군이 전술을 익혀 대항하였다면 정복이 성공하기 힘들었을 수도 있었을 것이라고 평가한다. 코르테스가 코수멜Cozumel섬에서 만날 당시 이미 8년 전 난파 후부터 현지인과 어울려 살면서 마야어를 익힌 헤로니모 데 아길라르Jerónimo de Aguiar라는 스페인 선원이나 말린체는 코르테스의 멕시코 정복에 있어 없어서는 안 될 존재였다. 역사적인 자료에도 말린체는 항상 코르테스와 함께 등장한다. 틀락스칼라Tlaxcala 연대기 그림에도 코르테스가 아스테카 제국의 수도 테노치티틀란Tenochtitlan에서 목테수마 황제와 만나는 장면이 있는데 거기에도 코르테스 뒤에 같은 크기로 말린체가 등장한다. 어떤 경우는 다른 등장인물보다 더 크게 묘사되거나, 또는 코르테스가 없고 말린체만 등장하는 경우도 있다.

연대기 일부분, 왼편 코르테스 옆의 말린체 모습

내가 만난 일부 멕시코 사람들은 말린체에 대해 그리 부정적이지 않았다. 한편에서는 성모 마리아와 같은 존재로도 인식되고 있다. 멕시코시티 남쪽에 있는 유명한 유원지인 소치밀코Sochimilco 지역에 있는 호수 가운데에 인형들의 섬이라는 곳이 있다. 그 기괴한 곳에는 찢기고 상처난 모습의 인형들이 나무에 걸려 있다. 축제일에 그곳에서 공연이 열리는데 한 어머니가 자식을 잃고 슬퍼하는 감정을 표현한 라 요로나La llorona라는 공연이다. '라 요로나'가 우는 여인이라는 뜻인데, 이 여인이 바로 말린체라고 말들을 한다.

한 번은 멕시코 국립자치대학교UNAM의 기후변화 전공인 교수님을 만난 적이 있었는데 멕시코시티 동쪽의 틀락스칼라 주 출신이라고 했다. 틀락스칼라 부족은 과거 코르테스의 정복 시기에 아스테카 제국에 복속되어 억압받는 부족으로 아스테카에 대해 강한 반감을 갖고 있었던 부족이었다. 말린체의 도움으로 이러한 내부정보를 활용해 코르테스는 틀락스칼라 부족을 같은 편으로 끌어들였고, 이들이 아스테카 군대를 쳐부수는 데 많은 기여를 한다. 내가 만났던 교수님은 자신을 틀락스칼라 출신이라고 소개하면서 먼저 배반의 민족 출신이라고 언급하면서 숨기고 싶은 비밀을 얘기한다는 듯한 인상을 받았다.

나는 틀락스칼라나 말린체나 모두 역사의 희생자라는 측면에서 새롭게 해석되고 부각되어야 한다고 생각한다. 정복과 피정복의 시각에서만 본다면 지나친 흑백논리가 되지 않을까 싶고, 메스티소라는 새 민족의 탄생이라는 면에서 본다면 선구자적이고 창의적인 행보라는 해석이 부여되어야 할 것이다. 과거의 역사를 미화하는 것이 바람직하지는 않지만, 정복, 피지배, 지배자에 대한 협조, 배반의식으로 결부지어 생각하는 것도 오백여 년이 지난 현재에 와서 다시금 재고해볼 문제일 것이다.

5.
말린체의 삶, 그 이후

앞에서 봤듯이 말린체는 1519년 3월 14일에 있었던 스페인군과 타바스코 원주민 간의 쎈틀라Centla 전투 이후 원주민측에서 승자에게 보낸 여자 20명 중 한 명이었다. 당시 말린체의 나이는 대략 18~19세였던 것으로 추정된다. 원정대장인 코르테스는 원래 말린체를 자신이 취하지 않았으며, 휘하 장군 중의 하나였던 알론소 에르난데스 포르토카레로Alonso Hernández Portocarrero에게 주었다. 하지만 곧 코르테스가 당시 스페인 국왕인 카를로스 5세(합스부르크 왕계에서는 카를로스 5세이자 동시에 스페인의 카를로스 1세이다.)에게 보내는 전령으로 포르토카레로를 보내게 되자 통역 차원에서도 말린체를 자신의 곁에 있게 했다.

멕시코 정복 과정에서 통역의 중요성을 이미 얘기했듯이 말린체는 마야어와 나우아틀어에 능통했기 때문에 난파 후 8년간 노예생활로 마야어를 익힌 헤로니모 데 아길라르가 스페인어와 마야어를 담당하는 동안 말린체가 마야어와 나우아틀어 통역을 맡는 역할을 훌륭히 해냈다. 이러한 역할 분담은 영민한 말린체가 스페인어를 완전히 익힐 때까지 이어졌는데 그 기간이 그리 오래 가지는 않았던 것으로 보인다. 에르난 코르테스가 이러한 통역관을 얻게 된 것은 그야말로 기적이라고 할 수밖에 없다. 후에 코르테스가 아스테카 제국의 수도 테노치티틀란에 와서 목테수마 황제와 대화를 하는데, 이때의 의사소통은 우선 코르테스가 한 말을 아길라르가 마야어로 통역하여 말린체에게 전달하고, 말린체가 이를 받아 나우아틀어로 황제에게 전달하는 방식으로 이루어졌다.

코르테스의 아스테카 정복에 있어 말린체의 역할은 실로 어마어마하다. 통역 이외에도 그녀는 스페인 사람들에게 원주민들의 사회 및 군사적 관습에 관해 조언했고, 일종의 첩보수집과 전략수립 및 외교자문 역할을 충실히 수행해냈다. 1521년 8월 13일 아스테카 제국의 수도 테노치티틀란이 함락된 이후 이듬해인 1522년 코르테스와 말린체 사이에 아들 마르틴 코르테스 말린체가 출생한다. 그리고 말린체는 한동안 멕시코시티 남쪽의 코요아칸Coyoacán에 코르테스가 지어준 집에 기거하였다. 어찌된 일인지 그 이후에는 코르테스가 오리사바Orizaba의 귀족인 후안 하라미요Juan Jaramillo에게 말린체를 시집보냈고, 그녀는 딸 마리아 하라미요Maria Jaramillo를 얻는다. 기록에는 이후 1524~1526년간 온두라스 지역의 반란을 진압하기 위해 코르테스가 말린체를 데리고 갔고, 그곳에서 통역 역할을 하였다고 되어 있다. 그 이후부터는 말린체에 관한 기록이 없다. 많은 사람들이 아마도 말린체는 1528~1529년간 창궐했던 천연두에 의해 희생된 것으로 추정하고 있으나, 영국의 역사가 Hugh Thomas에 따르면 스페인에서 발견된 편지 가운데 그녀가 1550년까지 살아있다는 기록이 있었던 것으로 보아 1551년경 사망했을 것이라고 주장한다.

말린체의 자녀들은 어떻게 되었을까? 코르테스와의 사이에서 태어난 마르틴 코르테스 말린체는 6세 때 아버지 에르난 코르테스와 함께 스페인으로 돌아가고, 거기서 펠리페 2세의 왕자시절부터 시동으로 궁정생활을 한다. 아버지 코르테스는 귀족이었던 후아나 데 쥬니가Doña Jauna de Zuñiga와 새로이 결혼을 하게 되고, 그 슬하에 두 아들을 두게 된다. 그들의 이름은 마르틴 코르테스 쥬니가와 루이스 코르테스 쥬니가였다. 멕시코에서 태어난 코르테스의 혼혈아들인 마르틴 코르테스 말린체와 스페인에서 태어나 아버지의 적통을 법적으로 이어받은 마르틴 코르테스 쥬니가는 이복형제로서 마르틴이라는 같은 이름을 갖게 되었다. 마르틴 코르테스 말린체는 신성로마 황제군으로 전투에 참여하기도 한다. 1547년 아버지 에르난 코르테스가 사망하고, 1562년 마르틴 코르테스 말린체는 그의 이복동생인 마르틴 코르테스 쥬니가와 루이스 코르테스 쥬니가와 함께 멕시코로 돌아오게 되는데, 그의 이복동생인 마르틴 코르테스 쥬니가는 코르테스의 적자로 오아하카 계곡 백작 작위를 이어간다.

하지만 이들 형제들은 이후 누에바 에스파냐(멕시코) 부왕에 대한 반역혐의로 체포되고, 고문을 받은 마르틴 코르테스 말린체는 스페인으로 망명하게 되는데 1595년경 사망한 것으로 알려져 있다. 인터넷 위키피디아에 의하면 코르테스의 혼혈아들 마르틴 코르테스 말린체를 멕시코 정복 이후 최초의 메스티소Primer Mestizo 라고도 평가하기도 하나, 에르난 코르테스가 쿠바로부터 출발해서 처음 베라크루스 지역에 도착한 것이 1519년이었는데 마르틴이 출생한 것은 1522년이었으니 3년이 지난 시기여서 이미 많은 혼혈 메스티소들이 있었을 것이다. 또한, 통역관 아길라르에 의하면 자신과 같이 난파되었다가 원주민과 결혼해서 살면서 스페인군에 합류하기를 거부했던 곤잘로 게레로Gonzalo Guerrero는 원주민 부인과 사이에 자식 3명을 두고 있었다고 하니 마르틴 코르테스 말린체가 최초의 혼혈 메스티소는 더더욱 아니라고 할 수 있다. 더욱이 콜럼부스가 서인도 제도에 도착한 것이 이보다 27년 전인 1492년이었으니 최초의 메스티소들은 알려지지 않은 채 중남미에서 또는 스페인에서 살아갔을 것이다. (콜럼부스가 1차 항해에서 스페인 바르셀로나 항구로 귀환할 당시 일종의 전리품으로 원주민 수명을 데리고 갔는데, 이들이 스페인 땅에서 스페인 사람 사이의 자녀를 가졌다면 그 자녀들이 최초의 메스티소가 될 수도 있을 것이다.)

현대 멕시코의 역사학자인 카를로스 푸엔테스Carlos Fuentes가 쓴 〈라틴아메리카의 역사〉에 보면 에르난 코르테스가 본처인 카탈리나 후아레스와의 사이에서 태어난 마르틴이라는 똑같은 이름을 가진 또 하나의 아들이 있었고, 시간이 흘러 이 두 형제는 서로 만나 1565년 스페인 지배에 대항하여 크리오요와 메스티소에 의한 멕시코 최초의 반란을 주도했다고 쓰여 있다. 아마 이 부분은 푸엔테스가 쿠바령에서의 부인이었던 벨라스케스 총독의 이복여동생 카탈리나 후아레스와 아스테카 정복 후 스페인에 돌아가서 결혼한 후아나 데 쥬니가와 혼동을 한 것 같다. 두 마르틴은 나중에 멕시코에서 만나는 것이 아니라 스페인에서 성장했고 나중에는 함께 멕시코로 돌아온다. 약간의 이견이 있긴 하나 최초의 크리오요와 메스티소의 반란 주도라는 점은 적절한 지적인 것 같다. 말린체의 딸이었던 마리아 하라미요도 그 이후의 삶에 관해 기록이 없어 어떤 삶을 살았는지 알 수 없다. 역사는 그렇게 기록되거나 기억된 자들을 중심으로 그려지고, 그렇지 못한 무수한 삶들은 무심히 지나쳐질 수밖에 없는가 보다.

6.
신비로운 호수의 섬, 멕시코시티

 멕시코시티는 오늘날 현대 멕시코의 수도이자, 과거 아스테카 제국의 수도이기도 하다. 하지만 과거 아스테카 제국의 수도였던 테노치티틀란Tenochtitlan은 오늘날의 멕시코시티와는 많이 다르다. 오늘날 멕시코시티는 수도권 주변까지 합치면 2천만 명이 넘는 거대 도시이지만, 아스테카 제국시절의 테노치티틀란은 호수 중앙에 위치한 작은 섬에 불과했고, 호수 가장자리와는 3개의 둑길로 연결되어 있었다.

왼쪽 중앙에 있는 조그만 섬이 테노치티틀란

현재의 멕시코시티의 위치로 보면 대략 시내 중심에 위치한 소칼로 광장을 중심으로 한 약간 큰 섬이었다고 할 수 있다. 북쪽으로 위치한 틀랄텔롤코Tlaltelolco가 테노치티틀란과 연결되는 육지 지점이고, 14세기 중반 메쉬카Mexica족이 북쪽으로부터 새로운 거주지를 찾아 내려와 주변 부족들로부터 테노치티틀란에 주거를 허락받았다는 기록으로 봐서 대략 북쪽으로는 틀라텔롤코, 서쪽으로는 오늘날 새로운 중심지인 폴랑코Polanco에 못 미치는 지역까지, 그리고 동쪽과 남쪽은 상당히 넓게 호수였던 것으로 보인다.

국립인류학박물관에 가면 과거 테노치티틀란의 도시 모형이 있고, 벽면에는 대형 상상도가 그려져 있다. 또 대통령궁에 가면 디에고 리베라가 그린 벽화에도 옛 제국 수도의 모습이 묘사되어 있다. 중앙의 피라미드를 비롯하여 도처에 피라미드가 보이고, 주거지역과 시장 등 상업구역이 질서정연하게 배치되어 있고, 또한 주변 호숫가에는 치남파Chinampa라는 물 위에 떠있는 수경재배 밭이 있는 것이 특징적이다. 치남파는 부족한 영토에서 수경재배를 통해 식량을 충분히 조달하는 역할을 수행하였다.

국립인류학박물관 내의 테노치티틀란 모형과 상상도

소칼로 광장에 가보면 대통령궁, 시청, 대성당 등 식민시절의 건물들이 넓은 광장을 둘러싸고 있다. 그리고 대성당 정문 오른쪽으로 돌아가면 테노치티틀란의 중앙 피라미드 유적을 볼 수 있다. 또한 대성당 정문을 들어가서 광장 바닥에는 몇 개의 유리로 된 바닥을 통해 지하를 볼 수 있게 되어 있는데 성당 밑에 묻혀 있는 과거 아스테카 건축물의 흔적이 있다. 이렇게 넓은 면적에 걸쳐 그 아래에는 과거 아스테카 제국의 수도 테노치티틀란의 유적들이 여전히 발굴이 안 된 채 묻혀 있다. 스페인 사람들은 유적을 부수거나 파괴하여 그 위에 16세기 유럽양식의 건축물들을 쌓아올렸다.

많은 사람들이 아스테카 제국이 굉장히 오래된 것으로 알고 있으나, 실제는 그리 오래되지 않은 왕조였다. 14세기 중반에 북쪽에서 내려온 일단의 무리들이 있었는데 이들이 후에 아스테카 제국을 건설한 메쉬카족이었다. 이들이 도착했을 때는 주변에 이미 터를 잡은 부족들이 있었는데 이들이 메쉬카족에게 준 땅은 거칠고 돌이 많고 뱀이 많아 살기 힘든 테노치티틀란 섬이었다. 힘없던 이주민인 메쉬카족은 이 섬에 정착하게 되고 점차 힘을 길러 결국 나머지 부족들을 복속하고 멕시코 전역을 지배하는 아스테카 제국을 건설하게 된다.

멕시코 국기와 국기 내의 문장

메쉬카족의 테노치티틀란 이주와 관련해서는 아스테카의 전설이 있다. 이는 오늘날 멕시코 국기 중앙에 있는 문장의 근원이기도 하다. 메쉬카족이 북쪽으로부터 남하했던 이유는 호숫가에 있는 선인장 위에 뱀을 물고 앉아 있는 독수리가 있는 곳에 수도를 정하라는 신탁에 따라 발견한 곳이 바로 테노치티틀란이라는 것이다. 그래서 멕시코 국기 문장에는 뱀을 문 독수리가 호수가 선인장 위에 있는 모습이 새겨져 있다. 어쨌든 아스테카 제국은 1350년경부터 시작해서 1521년 코르테스에 의해 멸망하기까지 200년이 채 되지 않은 그리 길지 않은 기간 동안 존속했으나, 멕시코를 대표하는 문명으로 알려져 있다.

스페인 사람들은 테노치티틀란 주변에 있던 호숫물을 점진적으로 메꾸기도 하고 배수를 시켰다. 지금도 소칼로 광장에 있는 대성당 좌편에 가보면 커다란 기념탑이 있는데 한 면에는 1미터 공인 길이 측정을 기념하고, 또 다른 면에는 당시 호수의 평균 깊이와 높이를 측정해주는 장치가 달려 있었다는 내용이 새겨져 있다. 물론 이러한 장치가 현재는 작동하지 않는다. 멕시코 고고학 잡지의 기록을 찾아보니 이 탑의 위치는 원래 이곳에 있던 것이 아니었는데 소칼로 광장을 정리하면서 오늘날의 자리로 이동하게 되었다고 한다.

지금은 멕시코시티 중심부에서 호수의 흔적을 찾아볼 수 없다.

다만 멀리 멕시코시티 외곽에 큰 호수가 일부 남아있을 뿐이다. 소치밀코가 대표적으로 남아있는 호수 중의 하나이다. 물을 빼거나 매립된 호수 바닥 위에 도시가 확장되어 가다보니 지반이 약할 수밖에 없다. 더욱이 멕시코는 지진이 자주 발생하는 지역이기도 하다. 시 외곽은 산악지대여서 단단한 바위 지형으로 별다른 피해가 없지만 시내 중심부는 연약 지반과 잦은 지진 말고도 많은 인구 급증에 따른 지하수 남용으로 해마다 지반이 조금씩 가라앉고 있다고 한다. 시내 중심부에 가면 벽면이 갈라지거나 눈으로 봐도 쉽게 알 수 있을 정도로 기울어진 건물들이 눈에 띈다.

멕시코시티는 여러 면에서 '올려진 도시'라 할 수 있다. 아스테카 제국 위에 '올려진' 도시이자, 호수 바닥 위에 '올려진' 도시이다. 연방 수도로써 연방지구Distrito Federal라고 해서 약자로 '데 에 페D. F.'라고도 불렸고 흔히들 멕시코시티라고 지칭해왔지만, 이제는 멕시코시티 헌법 개정으로 멕시코시티Ciudad de Mexico가 공식 명칭으로 사용되게 되었다. 거친 돌과 뱀들이 많았을 조그만 섬이 치열한 투쟁의 역사를 거쳐 오늘날 거대 도시로 성장하게 된 것을 연속선상에서 놓고 볼 때 그 이면에 있었을 많은 희생과 투쟁, 눈물과 노고와 함께 무거운 역사의 짐 위에 '올려진' 도시는 오히려 이상하리만큼 조용해 보인다.

7.
팔랑케 파칼 왕 무덤의 비밀

멕시코 남부 치아파스 주 팔렝케Palenque 지방에 가면 밀림 한가운데 우뚝 솟은 피라미드 사원 유적이 유명한데, 여기에서 발견된 마야의 강력한 왕이었던 파칼Pakal 왕의 무덤이 이 팔렝케 유적을 대표하는 상징이기도 하다. 파칼 왕은 615년부터 683년간 팔렝케 지방을 다스리던 강력한 군주였다. 파칼 왕은 거대한 석관 속에서 발견되었는데, 현재 그 모형이 국립인류학박물관에 전시되어 있다. 녹색 옥으로 만든 가면이 출토된 것으로도 유명하다.

팔렝케 피라미드

팔렝케 유적은 1952년이 되어서야 발견이 되었는데, 당시 밀림 한가운데 우뚝 솟아있는 피라미드 건물에 놀라움을 감추지 못했다. 팔렝케 유적이 발견된 지 60여 년이 지난 2016년에 이곳에서 고고학자들은 새로운 발견을 하게 되는데, 파칼 왕의 석관 밑으로 수로가 지나가고 있음을 새롭게 발견한 것이다.

고고학자들에 따르면, 이전까지 팔렝케 유적은 단순히 왕을 기리기 위해 위치가 선정되었다고 생각되었으나, 이곳에는 예전부터 물길이 있었고 물길을 통해 죽은 왕이 저승세계로 따라간다는 믿음 하에 사원이 축조된 것으로 보고 있다. 마야 사람들은 물이 항상 삶의 시작과 끝과 연관된다는 믿음을 가지고 있었고, 이에 따라 왕의 묘실 밑을 관통하는 수로를 설치하여 왕이 사후에 저승세계로 향해 갈 수 있도록 설계해놓은 것이 아닌가 하는 추측을 하고 있다.

더욱이 팔렝케의 옛 이름은 라칸-하Lakan-ha였는데 큰 물이 있는 장소라는 뜻이란다. 발음이 다를지 몰라도 마야어로 '하'가 물을 뜻한다고 하니 우리말과 비슷해 더욱 신비감을 더해준다. 주변의 강이나 호수, 그리고 지하의 강물들이 많았을 텐데 오랫동안 수로가 발견되기까지 물과의 연관성을 사람들이 깊게 생각해보지 않았던 것 같다.

고고학자들이 2015년경 지형 탐사기를 가지고 검사해본 결과 묘실 바닥이 비정상적임을 발견하게 되어 수미터를 더 파내려가자 약 17미터 길이의 수로가 발견되었다고 한다. 현재도 발굴이 계속되고 있는데 묘실 바닥이나 사원건물에 영향을 주지 않기 위해 로봇을 이용해 작업을 진행하고 있다고 한다. 수로는 석판과 진흙을 가지고 만들어졌으며 물이 상시 흐르게 설계되었는데, 발견 당시에도 여전히 물이 흐르고 있었다고 한다. 수로는 빗물을 배수시키고 주변 지하로 흐르는 강물을 통제하기 위한 목적으로 지어진 마야의 공학 및 건축학적 기술이 돋보이는 작품이라고 할 수 있다.

멕시코에는 아직도 발굴을 기다리는 수없이 많은 유적들이 있다. 특히, 마야의 유적들은 깊은 밀림 속에 숨겨져 있다 발견된 경우도 많고, 또 아직까지 발견되지 않은 유적들이 많이 있는 것으로 추측되고 있다. 얼마 전에는 테오티우아칸Teotiuacan에 있는 피라미드 밑에서 고분과 부장품이 발견되었다는 소식도 있었다. 인신공양의 사원으로만 사용되었다고 생각되었던 피라미드가 중앙 지하에 묘소를 만들어 무덤의 역할을 하기도 했다는 것이 증명되는 셈이다.

또 멕시코시티 시내 대성당이 아스테카 제국의 신전을 부수고 그 위에 지어진 것이어서 지금도 대성당 우측으로 돌아가면 지하

바닥면이 보이는데 그곳에서 대성당 밑에 묻혀 있는 사원 발굴이 지속되고 있음을 봐도 멕시코는 가히 무궁무진한 유적의 나라라고 하지 않을 수 없다. 놀라운 아스테카, 마야 등 인류 선조들의 유구한 문화가 잘 보존되고 세상에 널리 알려질 수 있는 날이 오기를 기대해본다.

8.
메소아메리카와 피라미드

　우리에게는 중남미 하면 흔히들 중미와 남미의 결합으로 생각한다. 그중 중미는 멕시코부터 파나마까지의 지역을 의미하는 것으로 받아들인다. 하지만 지리적으로 보면 멕시코는 북미에 속한다. 과거 북미자유무역협정NAFTA이 캐나다, 미국, 멕시코 간 체결된 것이 이를 말한다. 또 다른 인식의 차이가 있는 것은 국내에서는 흔히 중남미카리브라고 해서 한 지역으로 묶지만 정작 중남미에서 카리브는 엄연히 다른 소그룹으로 지칭된다. 유엔 등에서는 흔히 중남미 그룹을 가리켜 그룰락GRULAC이라고 하는데 이는 Grupo de Latinoamérica y el Caribe의 약칭인데 정확히 말하면 중남미 그룹이 아니라 '라틴아메리카와 카리브 그룹'이라고 하는 것이 정확하다.

　이와 달리 국내에서 메소아메리카라는 개념은 다소 생소하다. 메소아메리카라는 용어는 기존의 중미, 북미 등의 지리적 개념이라기보다는 16세기 스페인 정복자들이 아메리카 대륙에 도착했을 당시 북중미 지역에 발달해 있던 핵심 문명권을 설명하고자 20세기 중반에 만들어진 인류학적 개념이다. 메소Meso는 '중간, 가운데'라는 의미의 그리스어에서 가져온 것이며, 중동의 메소포타미아(강 사이)로도 잘 알려져 있다. 아메리카America는 우리가 알고 있는 아메리고 베스푸치 이름에서 따온 것으로 신대륙 전체를 지칭한다.

피라미드 하면 보통 이집트 기자에 있는 최대 규모의 피라미드를 연상한다. 그러나 실상 피라미드라는 용어는 고유명사가 아니라 기하학에서 말하는 정방형의 삼각뿔 형태를 일컫는 보통명사이다. 잘 알려져 있지 않지만 이런 피라미드가 의외로 메소아메리카에도 많이 있다. 멕시코 전역에는 수많은 피라미드가 있고, 아직 발굴되지 않은 것도 많다는 점이다. 아스테카 제국은 물론 마야 지역에까지 피라미드는 무수히 산재해 있고 정글 속에 아직도 발견되지 않은 것도 많다고 하는데, 멕시코 내에는 대략 3,000개 이상이 존재하는 것으로 알려져 있다. 또한 가장 유명한 피라미드가 멕시코시티 근교에 위치한 테오티우아칸 피라미드인데 이는 이집트 기자의 피라미드보다 밑변이 더 크다는 사실에 다시 한 번 놀라게 된다.

이집트 피라미드와의 차이점이라고 하면, 이집트의 피라미드의 주요 기능이 왕의 무덤이라고 한다면 메소아메리카의 피라미드는 제사를 위한 신전으로 사용됐다는 점이 다르다. 마야나 아스테카 제국의 피라미드는 외부에 설치된 가파른 계단을 통해 꼭대기 신전에 올라갈 수 있도록 되어 있으며, 상부 제단에서 인신공양 제사가 수없이 이루어졌다.

태양과 천체가 멈추지 않고 지속적으로 운행하기 위해서는 인신공양이 필요하다는 믿음에서 피라미드 꼭대기에서는 사제의 집도하에 희생자의 가슴을 날카로운 흑요석obsidiana으로 가르고 심장을 꺼내 바치는 의식이 이루어졌다. 꺼내진 심장은 사람이 누운 모습의 석상인 착 몰Chac Mool 위에 놓였고, 시체는 계단 밑으로 굴러 떨어뜨렸다고 한다. 스페인 정복자들은 처음 사원을 방문했을 때 주변이 피로 범벅이 되고 고약한 냄새가 났다고 하는 기록을 남겼다.

메소아메리카에서의 피라미드가 인신공양의 중심에 있었다는 점에서 어쩌면 잔혹함을 느낄 수도 있으나 어쩌면 이들 문명을 이해하는 핵심 중의 핵심이라고 할 수 있다. 문화적 상대주의를 특별히 강조하는 것은 아니지만, 우리가 생각하기에 이상한 문화 풍습을 멀리 할 필요는 없으며, 이는 아스테카와 마야를 이해하는 데 특히 중요할 뿐 아니라 어쩌면 이들의 가장 큰 특징이기도 하기 때문이다.

9.
중남미 최대의 피라미드, 테오티우아칸

　많은 사람들이 멕시코에 피라미드가 있다고는 생각하지 않는다. 더욱이 이집트의 피라미드에 못지않게 큰 규모의 피라미드가 멕시코에 있다고 하면 매우 의아해한다. 그런데 사실 알고 보면 앞에서 이야기한 대로 메소아메리카 중에서도 멕시코는 피라미드의 나라이다. 멕시코시티에서 동북쪽으로 약 40킬로미터 정도 떨어진 곳에 테오티우아칸Teotiuacan 피라미드 유적이 있다. 멕시코 내에는 약 3천여 개의 피라미드가 있다고 하는데 그중 가장 유명하고 잘 알려진 피라미드 중의 하나이다. 이외에도 동쪽 유카탄 반도에 있는 마야의 치첸 잇사Chichen Itza 피라미드도 유명하다.

치첸 잇사 피라미드

테오티우아칸은 '신들의 도시'라는 뜻이라고 한다. 여기에는 2개의 대표적인 피라미드가 있는데 태양의 피라미드와 달의 피라미드이다. 태양의 피라미드는 이집트 기자의 피라미드보다 높지는 않지만 밑변의 길이는 더 길다고 하니 규모를 짐작할 수 있을 것이다. 테오티우아칸 문명이라고도 불리는 이 고대도시는 기원전 300여 년부터 기원후 600년경까지 존재한 것으로 알려져 있다. 여전히 발굴이 계속되고 있고 많은 부분이 땅 속에 묻혀 있다. 현재까지 발굴된 유적 중 태양의 피라미드, 달의 피라미드, 그리고 죽은 자의 거리와 일부 건축물들로 과거의 영화를 충분히 짐작해볼 수 있다.

기원후 300~600년에는 약 15만 명의 인구가 살 정도로 번성하였다고 하는데, 어느 순간 이러 저러한 이유도 남기지 않고 사람들은 모두 사라지고 덩그러니 건물과 피라미드만 남아 오늘날까지 멸망 원인에 대해 많은 호기심을 자극한다. 일설에는 가뭄으로 인한 재난으로 견디지 못하고 떠나갔다는 설과 다른 이민족의 침입으로 멸망된 후 버려졌다는 설들이 있다.

많은 사람들이 태양의 피라미드 정상에는 우주의 기가 모여 이를 받을 수 있다고 믿고 있다. 실제 매년 춘분이나 추분 때면 수많은 사람들이 하늘의 기를 받기 위해 테오티우아칸 피라미드, 특히 태양의 피라미드에 몰려든다. 가파른 계단을 통해 정상에 올라가면 바닥에 얕은 구멍자국이 있는 곳이 있는데 사람들은 이 곳이 바로 우주의 에너지가 모이는 곳을 표시한 것이라고 생각하고 익살스런 기도의식을 취하기도 한다.

테오티우아칸 태양의 피라미드 정면 사진

언젠가 한국에서 온 대표단을 인솔하여 방문한 적이 있는데, 이 말이 사실인지를 동행한 테오티우아칸 관리소 직원에 물으니 정상 위의 표시는 단순히 측량을 위한 기점으로 군에서 표시해놓은 것이라고 설명하면서 웃으며 살짝 눈짓을 한 적이 있다.

멕시코의 피라미드는 이집트의 피라미드와 달리 무덤이 아닌 인신공양의 제사장소라는 것이 정설이다. 가파른 계단을 올라가면 피라미드 꼭대기에 있는 제단에서 사제가 날카로운 돌칼로 희생양의 가슴을 절개해 살아 움직이는 심장을 꺼내 높이 들고 신에게 바치는 의식이 이루어졌다고 한다. 목숨이 다한 시체는 계단 밑으로 굴려 버려지고 제단 주변과 계단은 피로 물들었다고 한다. 멕시코의 정복자 에르난 코르테스가 쓴 원정 기록기인 서한 Cartas de Relación에도 보면 아스테카 제국의 수도였던 테노치티틀란에서 이런 인신공양 의식을 목격했고, 피라미드 제단 주변은 엉겨 붙은 피와 고약한 냄새가 진동하고 있었다고 기록하고 있다.

최근의 고고학적 발굴에 따르면 이 거대한 테오티우아칸 피라미드 중앙 하단에서부터 중심부까지 이어지는 내부 통로가 있는데 이곳 중심부 부근 지하에서 많은 유물이 발견되어 이집트와 같이 무덤으로써의 역할을 했을 가능성도 제기되고 있다. 설령 이 거대한 피라미드가 어떤 유력한 소수 지배자 무덤이라 하더라도 제단에서 산 채로 희생당한 수많은 영혼들을 먼저 떠올리지 않을 수 없다. 하지만 이러한 무수히 많은 희생에 대한 동정은 순전히 현대의 기준에서 출발하게 되는 것이라고 할 수 있는데 과연 이러한 생각이 맞는지 가끔 혼란스럽기도 하다. 왜냐하면 일종의 축구게임이라고 할 수 있는 마야나 아스테카 제국의 펠로타 Pelota 게임에서 이긴 팀이 오히려 제물로 희생된다고 하는데 그 이유는 신에게 제물로 바쳐지는 영광을 받았기 때문이라고 하니 현대의 통념이나 인권 기준으로는 가늠하기 어려울 뿐이다.

10.
케찰코아틀 귀환에 관한 의문

에르난 코르테스가 1519년 2월 쿠바를 출발해 멕시코 동쪽 베라크루스Veracruz에 도착한 이래 아스테카 제국의 수도인 테노치티틀란을 향해 서진해올 때 목테수마 황제를 비롯한 아스테카 사람들은 코르테스가 아스테카 신화에서 먼 훗날에 다시 돌아오겠다고 하면서 동쪽으로 사라진 케찰코아틀이 귀환한 것이라고 생각했다고 한다. 이는 아스테카 제국이 무너진 이후 10여 년 지난 후 원주민들을 가르친 스페인 신부들이 원주민들 사이에 구전된 이야기를 기록한 데에도 같은 내용이 나온다.

국립인류학박물관 내 테오티우아칸 피라미드 모형에 조각되어 있는 케찰코아틀 형상

그런데 한 가지 의문이 든다. 콜럼부스가 1492년 10월 12일 오늘날 바하마 제도의 한 섬인 산 살바도르San Salvador에 도착한 이래 많은 스페인 사람들이 모험에 동참하였고, 코르테스가 멕시코를 향해 떠났던 1519년 당시에는 이미 쿠바에 Diego Velazquez 스페인 총독이 부임해 있었으며, 코르테스가 멕시코를 향해 떠나기 이전에도 몇 차례에 걸쳐 멕시코 본토를 탐험하려는 다른 스페인 모험가들의 시도가 있었다. 코르테스가 원정에서 만난 헤로니모 데 아길라르Jeronimo de Aguiar는 8년 전인 1511년 난파한 선박에서 살아남아 마야 원주민 사회에서 동화되어 살던 사람이기도 하다. 자세한 기록은 없지만, 코르테스 이전에도 멕시코 본토 탐험을 시도한 사람들이 다수 있었을 가능성을 충분히 생각해볼 수 있다.

그렇다면 과연 코르테스보다 앞선 스페인 탐험대가 해안에 접근하거나 상륙했다면 이방인 출현에 관한 정찰정보가 아스테카 제국의 수도까지 전달되지 않았던 것일까? 실제 원주민측 기록에는 코르테스의 배들이 베라크루스 만 인근에 접근할 때부터 척후병들에 의해서 관찰정보가 테노치티틀란에 있는 목테수마 황제까지 순식간에 전달되었다고 기록되어 있다. 아마도 이전에 산발적이었거나, 또는 워낙 소규모여서 그랬는지는 모르겠지만 코르테스 이전의 탐험대의 접근에 대한 아스테카의 정찰보고가 있었을 가능성이 매우 크다고 생각된다. 하지만 주지하다시피 대부분의 문서가 파괴 또는 손실되어 실제로 이를 뒷받침해줄 만한 남아있는 기록은 없다.

만약 이러한 코르테스의 도착 이전에도 다른 스페인 탐험대의 출현이 있었다면, 즉각적인 보고를 통해 분명 목테수마 황제가 백인의 출현을 알고 있었을 텐데 과연 코르테스만을 유독 케찰코아틀 신의 현신이라고 굳게 믿을 수 있었겠는가 하는 점이 의문이다. 코르테스가 원주민들에게는 처음 만난 서구인이라고 하기에는 비교적 오랜 시간 동안 다른 탐험대에 의한 원주민과의 접촉이 있었을 가능성이 높다고 생각된다. 하지만 그러한 기록들을 찾아내기 전에는 단순한 호기심일 수도 있음을 인정할 수밖에 없을 것 같다. 그것은 마치 오랜 기간 동안 콜럼부스처럼 서쪽 항해를 두려워하던 중세 유럽 사람들을 생각해본다면 쿠바를 중심으로 막 새로운 세계를 개척하던 사람들에게는 전설과 같은 멕시코 내륙에 대한 새로운 개척이 쉽게 마음먹을 수 있는 일이 아닐 수도 있기 때문이다.

어쩌면 코르테스 이전의 탐험가들이 코르테스처럼 (당시 기준에는) 거대한 다수의 함선을 이끌고 오지는 않았을지 모르며, 따라서 개별적인 소규모 접촉이었거나, 국지적으로 지방수령에 의한 통제가 가능해서 더 이상 중앙정부에까지 보고되지 않았을 가능성도 있다. 우리나라에서도 조선시대 기록을 보면 이양선이 출현한 해안가 마을에서는 이양선 출현만으로도 이를 막지 못한 책임으로 수령이 파직되는 경우가 많아 수령들이 가급적 이양선이 하선하지 않고 빨리 떠나기를 바랐고, 중앙에 보고를 은폐하려다 파직된 경우도 있었던 것을 생각해보면 일면 이해도 된다. 따라서 많은 군사와 말과 무기를 가진 이방인 집단이 지속적으로 승리하면서 수도 테노치티틀란을 향해 진군해오는 초유의 사태를 보고 받으면서 목테수마 황제는 신기하고 기이해하며, 어쩌면 공포스러운 상황을 피하고자 하는 변명거리로 전설을 현실화시킨 것이 아니었을까 짐작해본다.

11.
멕시코 문화역사의 자존심, 국립인류학박물관

멕시코의 자랑 중의 하나인 국립인류학박물관은 1964년 웅장한 모습으로 개관하였다. 당시 문화부장관의 주도로 박물관이 만들어졌는데, 여기에는 대통령과 문화부장관의 특별한 인연이 있었다. 당시 아돌포 로페스 마테오스Adolfo López Mateos 대통령은 취임하기 이전에 멕시코를 대표하는 박물관을 만들어야 한다는 주장을 하는 한 인사를 만난 적이 있는데 이를 기억했던 대통령은 후일 취임하고 나서 그 인사를 장관으로 기용하였다. 1963년부터 페드로 라미레스 바스케스Pedro Ramírez Vázquez 건축가의 지휘 아래 박물관 건설이 시작된다.

멕시코를 대표하는 국립인류학박물관에 가보면 방대한 전시물에 놀랍기도 하지만 전시 내용물은 선사시대부터 아스테카 제국 시대까지만이다. 정확히 에르난 코르테스에게 멸망한 1521년 8월 13일까지이다. 물론 2층에 각 지방별 민속박물관이 있으나,

박물관의 메인 전시물은 정확히 서구에 의해 멸망당하기 직전의 아스테카 제국의 유물인 것이다. 이방인으로서 왠지 뭔가 모자라는 느낌이 든다. 아스테카 제국 멸망으로부터 현대에 이르기까지의 기간인 약 오백년은 이곳에 없다. 이런 구성을 비판할 수는 없지만, 왠지 멕시코의 정체성을 아스테카 제국으로 상징화하려는 의도적인 시도였을 수도 있을 것이라는 생각이 든다.

이를 추진했던 이들이 백인 지배계층인 점을 생각하면 기층(基層) 민중의 다수인 메스티소 후예들에게 동질감과 소속감, 그리고 국가관을 불어넣어 주기 위한 시도일 수도 있었을 것이라는 추측도 해볼 수 있다. 아르헨티나의 탱고나 스페인의 플라멩코 춤은 현재 그 나라를 대표한 무용이다. 그러나 이들이 과거에는 피지배계층, 소외계층, 이방인의 문화로 배척당하기도 하였으나 현대에 들어와서 각 나라의 전통문화로 대표상품이 되었다. 또한, 이제는 소외된 피지배층이 아닌 일반 국민들 스스로가 자신들의 오랜 전통으로 생각하는 문화역전의 현상이 보인다. 이런 차원에서 국립인류학박물관도 이해되어져야 할 것이다.

국립인류학박물관 정원에 있는 청동 기둥

박물관 매표소를 거쳐 들어가자마자 넓은 정원 즉, 파티오Patio 가 나온다. 마야의 생명나무를 상징하는 거대 기둥이 소위 나는 지붕Flying roof이라는 무지무지하게 큰 상판을 받치고 있다. 지붕은 굉장히 넓은 면적의 직사각형 구조물인데 중앙 이외에는 어디에도 이를 받치는 기둥이 없이 설계되어 있다. 지붕이 마치 떠있는 듯 보인다. 이렇게 넓게 퍼진 육중한 직사각형 모양의 지붕 구조물이 중앙에 있는 다소 육중해 보이긴 하지만, 지붕 크기에 비하면 보잘 것 없이 초라한 청동 기둥 하나에 의해 지지되고 있다.

기둥을 중심으로 위로부터 폭포처럼 물줄기가 아래로 쏟아져 내리고 있는데, 인류학 박물관을 설계하면서 멕시코의 역사를 상징하고 평화와 인류애를 염원하는 청동 기둥에 새겨진 조각과 함께 기묘한 조화를 이룬다. 누구도 생각지 못한 허공 천장으로부터 내리는 폭포가 매우 인상적일 뿐만 아니라, 흩날리는 물줄기로 물이 떨어지는 소리는 지속적인 청각적 자극을 줌으로써 멕시코 고대(특히 스페인 정복 이전)의 신비로움이 전해지는 것 같다.

청동 기둥을 잘 살펴보면 정면 상부에는 멕시코 국기 문장이라고 할 수 있는 독수리가 뱀을 입에 물고 날개를 크게 펼치고 있으며, 두 발은 국기 문장에 그려져 있는 선인장 위가 아닌 2가지 형상의 두상을 밟고 있는데, 그 두상은 각각 멕시코 원주민과 스페인 사람의 얼굴로 서로 다른 방향을 향하고 있다.

독수리가 이들 머리 위에서 두 문명을 접목하고, 이어져 내려오는 전통으로 승화하는 모습이다. 뒷면에는 나침반, 원자모형, 그리고 그 위에 사지를 펴고 있는 남자가 조각되어 있는데, 이는 멕시코가 평화를 숭상하고, 평화로운 삶을 영위해 나가기 위한 염원을 담고 있다고 한다.

1980년대에 대학을 다닐 때 스페인어 교재에 실린 흑백사진 속에 국립인류학박물관의 독특한 지붕구조를 찍은 사진을 본 적이 있다. 그때는 잘 실감이 안 되어 공중에 큰 지붕이 있다 정도로만 기억하고 있었는데 현장에 와서 실제 본 모습은 상당히 인상적이다. 입구 건너편 후원 쪽에서 정문 입구를 바라보았을 때 광경이 더욱 훌륭하다. 이러한 건축은 지금 21세기에는 그리 인상적인 것이 아닐 수도 있지만, 박물관이 개관한 1964년의 시점에서 본다면 상당히 수준 높은 작품이었을 것이다. 2014년 멕시코에 처음 와서 얼마 안 되어 박물관을 찾아갔었는데, 마침 다음날이 개관 50주년 기념일이라고 파티오 한쪽에서는 기념공연 준비가 한창이었다. 연주자들이 리허설을 하는 모습을 무심코 지나쳤는데 며칠 후 신문을 보니 기념공연의 연주자는 유명한 첼리스트인 요요마였다. 역시 관심과 지식이 있어야 많은 것을 보고 느낄 수 있구나 하면서 요요마의 연주를 지켜보지 못한 아쉬움을 남기게 되었다.

박물관 입구 반대편에서 찍은 정원과 지붕 사진

12.
처음으로 샅샅이 둘러본 박물관, 국립인류학박물관 기행

그동안 여러 나라에서 살아왔지만 항상 떠나올 때 드는 후회 중의 하나는 유명한 박물관이나 미술관을 있는 기간 동안 작심하고 며칠이 걸리더라도 제대로 보지 못하고 떠나는 것이었다. 많은 방문단이 오는 스페인과 같은 나라의 경우에는 프라도 미술관을 무수히 가보았지만 늘 길어야 1~2시간 내에 돌아봐야 해서 유명한 작품을 중심으로 서둘러 설명하곤 했었다.

멕시코에 있는 국립인류학박물관도 마찬가지였는데, 2015년 7월에 마침 가족이 잠시 한국에 가있어 혼자 있는 기간을 이용해 그동안 벼르던 박물관 완전 정복기에 도전해보았다. 어느 토요일 아침이었는데, 평소처럼 어디에 주차할까 하는 잠깐의 걱정과 달리 아침에 도착한 국립인류학박물관 주차장은 매우 한적했다. 나중에 보니 주차장이 꽉 찼는데 들뜬 마음에 너무 일찍 와서 그런 거였다. 몇 번 와보기는 했으나 이른 아침이라 상쾌한 공기와 한

산한 모습에 박물관이 더욱 반기는 듯했다.

지하를 통해 올라올 경우 계단을 돌아 올라오면 마주치게 되는 국립인류학박물관Museo Nacional de Antropología e Historia 정식 명칭이 새겨져 있는 머릿돌 앞에는 분수가 물을 뿜고, 흩어지는 물 사이로 박물관 머릿돌이 아른하게 보이면서 신비감을 더해준다. 그 뒤로 하얀 벽면에 멕시코 문장이 새겨진 박물관 입구가 보인다.

입장료 64페소(2015년 7월 기준 한화 약 4,655원), 안내 오디오 75페소(5,455원)를 지불하고 넓은 정원Patio으로 들어섰다. (참고로 일요일에는 박물관 방문 진흥을 위해 입장료가 없다.) 정원이라고 하기에는 너무나 넓게 탁 트인 운동장과 같은 느낌이다. 큰 정원 중간에는 과거 멕시코시티를 연상하듯 호수 모양의 연못이 조성되어 있고, 주변으로 많은 관람객들이 휴식을 취하기도 한다. 정원을 들어서자마자 보면 긴 직사각형 모양의 건물이 정원을 둘러싸고 있는 형상이다. 오른쪽부터 시대 순으로 전시가 되어 있으며, 2층은 민속박물관으로 각 지역 또는 부족의 생활풍습이나 생활유품을 전시하고 있다.

국립인류학박물관 전경

방문했을 당시에는 오른편 첫 번째 입구가 있는 곳에 Guillermo Jose Dupaix 기록물 특별전이 한시적으로 열리고 있었다. Captain Dupaix는 원래 룩셈부르크 공국 출신으로 후에 스페인에 와서 군인이 되었고, 대위로 진급한 뒤 1790년에 Nueva España(당시 멕시코)로 이주해 장교로 복무하면서 많은 아스테카, 마야 문명의 유적을 그림으로 기록을 남긴 사람이었다. 정규 미술교육을 받지 않았고, 그의 스케치 솜씨는 어딘가 아마추어 같은 모습이 보이기도 하지만, 당시를 생각하면 매우 대단해 보인다. 그의 스케치 대부분이 잘 보존되어 있어 그의 기록정신이 오늘에도 발현하게 된 것이다. Dupaix가 남긴 스케치와 원물을 같이 비교하여 볼 수 있도록 전시를 해놓아서 매우 유익한 관찰거리가 되었다. 덕분에 중요한 유물과 함께 어떻게 스케치할 수 있을까 하는 방법에 대해 많은 생각을 갖게 되었다.

Dupaix가 스케치했던 대부분의 유물들은 역사적으로 멕시코 고고학 시기 구분에 따르자면 고전기 후기 Posclasico Tardio, 1325~1521년로, 시기적으로는 치치메카와 메쉬카(나우아틀 또는 아즈테카) 시기 즉, 스페인 정복이 이루어지기 전까지의 고대 문명의 유물들이었다. 설명에 나와 있는 유물이 발견된 지점의 위치를 현대 지도로 보니 대부분 오늘날 중앙 신전 Templo Mayor이 발견된 소칼로 광장을 중심으로 주변에서 발견된 것들이었다. 기억에 남는 유물로는 토난친 Tonantzin 여신상(출산과 출산시 사망을 관장하는 여신, 후에 원주민들의 카톨릭화에 결정적 역할을 한 과달루페 성모의 원주민적 신앙의 기원이기도 하다.), 착 몰Chac Mool, 인신공양 의식 때 제물인 인간의 심장을 꺼내 올려놓던 일종의 제단, 슬픈 인디오Indio triste, 개를 닮은 신화적인 동물상이었다.

이어서 인류학 소개관을 둘러보았다. 이곳은 멕시코 특유가 아닌 우리가 일반적으로 알고 있는 인류 문명의 발생, 인종적 진화 과정, 각 인류가 사용한 제작도구 변화추이, 사냥기술, 일상생활 등을 잘 설명하고 모습들도 미니어처 모형으로 잘 구현해놓았다. 약 13,000년 전 아메리카 대륙으로의 인류의 이동을 설명하고 있는데, 최초의 큰 이동은 베링 해를 거쳐 이동하였고, 이어 두 차례에 걸쳐 북미에서 남미로 이동을 한 것으로 설명하고 있다. 일부 학자들은 인류의 이동이 베링 해를 경유해서만 이루어진 것이 아니라 아시아로부터 오늘날 알라스카 남부 및 캐나다 북부로 배를 통해 직접 왔을 가능성을 주장하기도 한다.

그런데 가만히 보니 동물들은 이어진 대륙을 통해 양방향으로 이동하면서도 유독 사람만이 아시아 지역에서 아메리카로 이동한 것으로 그림이 그려져 있다. 왜 그럴까? 여태 한 번도 반대로의 이동 가능성을 생각해보지 못했다. 물론 인류의 이동에 관해 여태껏 정설이 아프리카 기원, 그리고 유럽, 아시아로 전파, 다시 아메리카, 그리고 남아시아, 오세아니아 등으로 설명해왔는데 이게 정말 맞을까 하는 의문이 든다. 몽고족이 빙하기 시대에 베링해가 연결되어 있을 때 아메리카 쪽으로 이동해왔다면 왜 몽골을 중심으로 남쪽이나 서쪽으로 더 따뜻한 지역을 놔두고 굳이 추운 북미 지역을 거쳐 아메리카 대륙을 남하하였던 것일까? 어설픈 지식으로는 잘 이해되지 않는 부분이다.

한참 전에 읽은 멕시코 역사책에 의하면 3만년보다 더 이전에 브라질 북부 연안에 정주 흔적이 발견되었다고 하는데, 아메리카가 매우 방대한 영역이어서 위와 같이 북방을 통한 이주, 아프리카로부터 대서양 서안으로의 이동, 태평양 도서 지역에서 중남미 태평양 연안으로의 이동 등을 생각해볼 수 있을 것이다. 하지만, 이러한 아마추어적 의문들은 이 글을 처음 쓴 지 몇 년 후에 제레드 다이아몬드 교수의 〈총균쇠〉를 읽고 나니 비로소 해소되었다. 그에 의하면 고고학적으로 아메리카 지역에서 북미 지역에 인류의 흔적이 발견된 것은 BC 12,000년 전이고, 오늘날 미국 남부의 뉴멕시코 주를 중심으로 한 소위 클로비스 문명에까지 도달한 것이 BC 11,000년 전이었으며, 남부 파타고니아 지방까지 정주하게 된 것이 BC 10,000년 전이라고 한다. 브라질에서 발견된 3만년 전 유적에 대해서도 언급하는데, 사람의 정주 흔적은 있지만 상당히 후대의 것이고 다만, 거기서 발견된 잿더미가 탄소측정으로 3만년 전이 맞긴 하지만 정주 당시의 것인지 혹은 오래된 잿더미만 우연히 거기서 발견된 것인지에 대해 아직 논쟁의 여지가 많다는 것이다. 3만년 전 정착설을 확증하기 어렵다는 말이다.

제레드 다이아몬드 교수에 의하면 빙하기가 끝나는 BC 12,000년에서 11,000년 사이에 유라시아에서 아메리카로 일련의 무리가 넘어온 것으로 보이고, 이를 뒷받침하는 것이 같은 시기에 아메리카의 거대 포유류 동물들이 멸절했다는 점이다. 멸절 원인으로는 기후변화설도 있지만 오스트렐리아의 경우에서와 같이 아마도 인간의 이동에 따른 포획, 멸종일 것이 유력하다고 한다. 다이아몬드 교수는 마찬가지로 이보다 이전의 인간 정주 가능성도 가정할 수 있겠지만, 지질학이나 고고학적인 세심한 발굴에도 불구하고 현재까지 아메리카 대륙에서 이보다 더 오랜 인간의 정주 유적은 발견되지 않았다고 한다. 홍적세 빙하기에는 23번에 걸친 빙하기가 있었다고 한다. 그만큼 여러 번 추위로 인한 해수의 동결로 바닷물이 수축되어 해협 물이 줄어들면서 생긴 베링 해 지역 연결구간으로 마지막 빙하기 전까지 사람은 아니었지만 동물들의 이동은 양방향 가능했을 것으로 생각해볼 때 인류학 소개관의 그림은 이런 점까지 고려해서 그린 것이 아닌가 생각이 들었다.

전시실 안에는 멕시코 내에서 발견된 각종 도구의 발전상, 큰 포유류 화석, 각종 식물의 기원 및 발전 등을 설명하고 있는데,

중간 중간 조그만 모형으로 만든 원시인들의 생활상 모습은 매우 사실적으로 잘 만들어져 있음에 놀라움이 들기도 하였다.

드디어 멕시코 선사 문명의 시작이다. 박물관 설명자료에 의하면 이 시기를 고전기 이전기Preclasic라고 칭하는데 기원전 2,300년경부터 기원후 1세기까지의 기간이다. 오랜 기간이라 여러 지역의 유물이 남아있는데 그중 서부 고원지대와 동부에 있었던 것으로 보이는 올메카Olmeca 문명이 유명하다. 올메카는 거두상으로 유명한데 옛날에 읽은 책에 의하면 왜 이런 두상 조각을 만들었는지 미스테리이지만 두툼한 코와 입술, 그리고 머리에 뭔가를 썼지만 짧은 곱슬머리일 가능성도 있어 아프리카인들의 영향을 받은 것이 아닌가 추정하는 글을 본 적이 있다. 올메카가 매우 넓은 지역에 퍼져 있다고 하는데 그중 핵심 지역은 지금의 베라크루스 주 남서부와 타바스코 주 서쪽 지역에 있었을 것으로 추정되는 것으로 봐서 카리브 도서들을 거쳐 더 동쪽의 아프리카로부터의 영향을 받았을 가능성이 있을지도 모른다는 생각이 든다.

국립인류학박물관 야외에 전시되어 있는 올메카 거두상

다음 전시관은 피라미드로 유명한 테오티우아칸 館이다. 안으로 들어가면 테오티우아칸의 지형 모형과 비의 신인 케찰코아틀(날개 달린 뱀 형상) 사원의 한쪽 면을 재현한 커다란 구조물을 볼 수 있다. 테오티우아칸 문명은 대략 기원전 300여 년부터 기원후 650년까지 약 900년 동안 존재한 것으로 알려져 있는데, 태양의 피라미드, 달의 피라미드, 넓게 펼쳐진 사자(死者)의 거리, 벽화 등으로 유명하다. 한때 거주인구가 10만 명에 달할 정도로 굉장히 발달된 도시였으나, 알 수 없는 원인으로 도시는 버려졌고 지금은 피라미드와 일부 건물들이 남아 관광객을 맞고 있다.

다음 전시관은 톨테카Tolteca 문명 전시실이다. 테오티우아칸 문명이 멸망하고 나서 멕시코 중부 고원 지역은 여러 부족들이 새로운 도시를 세우면서 각축을 벌이는데 그중 틀락스칼라Tlaxcala 주의 카칵스틀라Cacaxtla, 모렐로스Morelos 주의 소치칼코Xochicalco, 그리고 이달고Hidalgo 주의 툴라Tula가 대표적인 도시들이다. 중기 고전기Epiclásico 시대(기원후 600~900년)에는 카칵스틀라와 소치칼코가 번성했으며, 10세기경부터 북쪽에서 남하한 것으로 보이는 톨테카 문명이 고전기 이후 시대 초기Posclásico Temprano, 900~1,200년 기간에 수도였던 툴라를 중심으로 번성해서 동쪽으로는 치첸 잇사, 서쪽으로는 태평양 연안, 남쪽으로는 과테말라 지역까지 영토를 넓힌 것으로 알려져 있다. 전시관에는 아틀란테Atlante라고 하는 거석 입상이 인상적이다.

국립인류학박물관 메쉬카관에 전시되어 있는 태양의 돌

다음 전시관은 우리가 흔히 알고 있는 아스테카 문명을 이룬 메쉬카Mexica관이다. 이 전시관은 1521년 8월 13일 에르난 코르테스에 의해 멸망한 것을 기점으로 끝이 난다. 우리가 잘 알고 있는 아스테카 제국을 건설한 메쉬카족이 지배했던 시기이다. 북쪽 아스틀란Aztlan이라는 곳에서 내려온 이들은 후에 제국의 수도가 되는 테노치티틀란에 거주하기 시작하고, 먼저 정착한 텍스코코Texcoco와 틀라코판Tlacopan 부족을 후에 정복하고 제국으로 성장한다. 이곳에도 많은 유물들이 전시되어 있는데 호수 위의 섬이었던 테노치티틀란의 상상도와 모형이 있어 실제 도시가 어땠는지를 알아보는 좋은 기회가 되었고, 여타 유물 중 가장 유명한 것으로는 뭐니 뭐니 해도 달력으로 알려져 있는 태양의 돌이 아닐까 한다.

각 전시관을 보다 상세히 묘사하고 싶지만 지면 관계상 아주 간략하게 지나갔으니 멕시코를 가시게 되면 꼭 충분히 살펴보시길 권한다. 사실 이 메쉬카관은 박물관 정문으로 들어가서 직사각형 건물의 맞은편에 위치하는데, 이곳까지 본 것은 1층 전체의 오른쪽 편에 불과하다. 나머지 왼쪽에는 지역별로 남부 오아하카 지방, 멕시코 만 지역, 마야, 서부, 북부 등 지역별 전시관이 있고, 2층으로 올라가면 직사각형 건물을 돌면서 각 지방 특유의 민속품들이 전시되어 있다. 박물관을 샅샅이 보겠다는 욕심으로 자세히 보긴 했으나, 박물관 전체의 1/4에 불과한 선사시대부터 메쉬카관까지 보는 데 토요일 하루 종일과 일요일 오후 합해서 한나절 반이 소요되었다.

세세한 관람을 마치고 드는 생각이 몇 가지 있었는데 우선 아스테카 제국의 건설자인 메쉬카족의 기원이 13세기 중반이어서 생각보다 오래된 문명이 아니라는 것과 그들의 테노치티틀란 정착과 존속 기간도 그리 길지 않았다는 점이다. 또 하나는 아스테카 문명이나 마야 문명 유물을 모두 봐도 청동기나 철기가 보이지 않는다는 점이다. 13세기에서 16세기 초반까지의 문명이어서 당연히 청동기나 철기로 진행되지 않았을까 하는 생각과 달리 전시물들은 대부분 돌을 이용한 유적이었다. 아스테카나 마야가 석기에 그쳤던 이유가 각 문명의 발전 속도가 환경적 요인에 의한 것이라는 수긍되는 주장을 한 제레드 다이아몬드 교수의 〈총균쇠〉를 통해 확인해보시길 권한다. 마지막으로는 이 박물관의 전시물은 고대부터 스페인 사람들에 의해 함락되는 시점까지라는 점이 특이했다. 제국의 몰락 이후에도 약 300여 년간의 식민지 시대와 멕시코의 혼란한 근대사, 20세기 현대의 혁명 등이 있는데, 이런 근현대 부분이 빠져 있는 것이 의문이라면 의문이다. 개인적인 생각이지만 앞 글에서 말했듯이 이 박물관 건축 당시 1960년대의 소수의 백인 중심의 정권과 메스티소가 다수인 대중의 구심점을 만들기 위해 아스테카까지의 역사를 강조하며 민족주의를 함양시키려는 의도가 아니었나 싶다.

어쨌든 국립인류학박물관은 메스티소의 나라인 멕시코의 그들의 원래 뿌리인 인디오들의 위대함과 찬란한 문화를 잘 나타내주는 멕시코의 자존심이라고 할 수 있다. 박물관 정원의 중앙에 위치한 생명의 나무기둥 위에서 쏟아져 내리는 폭포와 테노치티틀란을 연상케 하는 연못, 그리고 직사각형 건물 외곽을 둘러싼 담장과 박물관 건물 사이의 공간에는 피라미드 모형과 각종 석상, 원주민들의 주거 모형 등 여러 가지 볼 것들이 많이 있으니 이들도 잊지 않고 보면 좋을 것 같다.

13.
영광과 최후 저항의 상징, 차풀테펙 성과 소년 영웅탑

　멕시코 시내 중심의 레포르마Reforma 거리를 가다보면 차풀테펙 도심공원 내에 과거 대통령 관저로 사용한 차풀테펙 성채가 있는데 그 절벽 아래 자락에 소년 영웅탑 열주 6개가 웅장한 모습으로 서있다. 1847년 미군은 멕시코 동쪽 베라크루스Veracruz 항구를 통해 상륙한 후 전쟁으로 혼란한 와중에 독재권력을 휘두르고 있던 포르피리아 디아즈Porfiria Díaz 대통령 휘하의 멕시코 군대를 쉽게 물리치고, 거의 저항이 없다시피 수도 멕시코시티까지 입성할 수 있었다. 이때 차플테펙 성에서 최후까지 항전했던 6명의 소년 생도들의 희생을 기리는 탑이다.

소년 영웅탑 전경

미군이 멕시코 수도까지 쉽게 입성할 수 있었던 데에는 양국 간 영토를 둘러싼 전쟁의 역사를 살펴볼 필요가 있다. 오늘날 미국 남부와 서부 지역에는 스페인어 지명들이 많이 있는데 양국 간 전쟁 또는 매각의 결과이다. 양국 간 전쟁으로 치달은 분쟁 지역은 텍사스가 대표적이다. 원래 텍사스는 스페인 사람들의 아메리카 대륙진출 이후 멕시코 땅으로 인정되어 왔다. 그러나 멕시코 사람들은 이러한 변방의 땅에 이주하기를 원하지 않았고, 멕시코 정부도 별다른 관심을 갖지 않았다. 1820년경부터는 미국인들이 멕시코 정부로부터 토지를 공여받기 위하여 텍사스로 이주해오기 시작하면서 그 수가 급격히 많아졌다. 이에 1830년에 멕시코 정부는 미국인 이주를 금지하기에 이르렀다. 이러한 멕시코 정부의 제한 조치에 불만을 품은 이주 미국인들은 급기야 1836년 반란을 일으켜 텍사스의 독립을 선포하기에까지 이른다. 미국이 뒤에서 반란을 부추겼다는 얘기도 널리 퍼져 있다.

당시 멕시코의 대통령이었던 산타 아나Santa Ana는 우리에게도 잘 알려진 1836년 알라모 전투에서 미국을 격퇴한 인물이었다. 영화 알라모 전투는 이때를 배경으로 미국측 입장에서 고난의 상황을 묘사한다. 이후 미국에서는 '알라모를 기억하라!'라는 캠페인을 통해 멕시코와의 결전을 부추겼다. 결국에는 하신토 강 전투에서 산타 아나가 패배하여 텍사스 독립을 승인하게 되는데 텍사스는 10년 동안 독립공화국으로 존재하면서 미주 지역에서 최단 기간에 단명했던 국가로 기록되기도 한다. 텍사스는 얼마 안 있어 1845년에 미국의 28번째 주가 되었다.

미국의 텍사스 합병을 계기로 멕시코는 미국과의 관계를 단절한다. 미국은 텍사스 주의 경계가 리오그란데 강이라고 주장하는 한편, 멕시코는 이 경계가 훨씬 북쪽의 누에세스 강이라고 주장했다. 1846년 미군과 멕시코군 사이에 충돌이 발생하여 11명의 미군 병사들이 사망하자 미국은 바로 공격을 시작하였다. 미국 군대는 지금의 뉴멕시코 지방을 점령했고, 이에 힘입어 1847년 3월 윈필드 스코트가 지휘하는 미국군이 멕시코 동해안 베라크루스 부근에 상륙하여 멕시코시티로 입성하기에 이른 것이다. 멕시코 군대는 멕시코시티의 최후 보루였던 차풀테펙 성에서 끝까지 항쟁했지만 결국 패배하고 말았다.

이 전투에서 멕시코군의 10대 소년 생도 6명이 퇴각명령을 거부하고 미군과 끝까지 싸우다 장렬히 전사했다. 이로써 멕시코는 '과달루페 이달고' 강화조약에서 현재의 애리조나, 네바다, 캘리포니아, 유타, 뉴멕시코, 콜로라도와 와이오밍 일부를 포함한 광활한 영토를 1,500만 달러에 넘기게 되었다. 멕시코 사람들은 저항의 마지막이었던 이곳 차풀테펙 성에서 끝까지 굴복하지 않고 저항한 6명의 어린 생도들의 숭고한 국가수호 정신을 성대히 기린다. 외국 정상이 멕시코를 방문할 때 공식 환영식에 앞서 헌화식이 거행되는 장소이기도 하다.

14.
정복당한 자의 시선,
원주민 관점에서 본 스페인의 정복

에르난 코르테스의 아스테카 정복기는 주로 코르테스 자신이 저술한 멕시코 정복관계 서한Cartas de Relación de la Conquista de México을 통해 일반적으로 잘 알려져 있다. 코르테스의 기록은 정복자 자신의 매우 자세한 기록으로써 정복 과정에서의 모습을 생생히 기록하고 있다. 다만, 코르테스는 당시 쿠바 총독인 디에고 벨라스케스의 출항금지 명령에 반기를 들고 멕시코 탐험출항을 강행했기 때문에 이러한 반역행동을 합리화하기 위해 어느 정도 왜곡된 기록이 포함된 것이 불가피했다.

우리가 일반적으로 알듯이 아스테카 제국을 정복한 스페인 사람들은 아스테카의 역사, 고문서를 철저히 파괴하고 불태웠기 때문에 남아있는 기록은 매우 극소수에 불과하다. 그래서 스페인 정복의 진정한 모습이, 특히나 피정복민인 아스테카 사람들이 느꼈을 의식과 감정은 사라져버린 줄만 알고 있었다. 그러나 〈정복당한 자의 시선〉Miguel Leon-Portilla 著, 고혜선 譯, 2015 책을 통해 생각보다 훨씬 풍성하게 원주민들이 정복 과정을 어떻게 느꼈는지에 관한 기록이 남아있음을 알게 되었고, 이를 번역한 기록으로 부분적이긴 하나 아스테카 사람들의 시각에서 남긴 기록을 엿볼 수 있었다.

이러한 기록들은 대체로 스페인 신부들의 기록에 의해 남아있거나, 또는 정복된 후 30여 년이 안 된 기간에 스페인어를 배운 아스테카 사람들이 한 세대가 지나기 전에 전승된 기억과 아직 생생히 기억하고 있는 어른들로부터 구전된 이야기들을 스페인어로 옮겨놓은 것들이다. 주요 사건을 중심으로 보면 큰 틀에서 스페인 기록과 원주민들 기록의 내용은 크게 다르지는 않다. 하지만 원주민들의 기록은 아스테카 사람들의 초조, 불안, 걱정, 슬픔이 잘 반영되어 있다. 또한 스페인 쪽에서는 잘 알 수 없었던 제국 내의 사정, 목테수마 황제의 낙담, 케찰코아틀 전설에 따른 강림과 제국 멸망의 두려움이 기록되어 있다. 어쨌든 목테수마 황제는 제국의 비운을 감지하고 이에 대해 저항을 하지 않고 머뭇거리다 결국 제국 멸망의 비운을 맞이하게 된다.

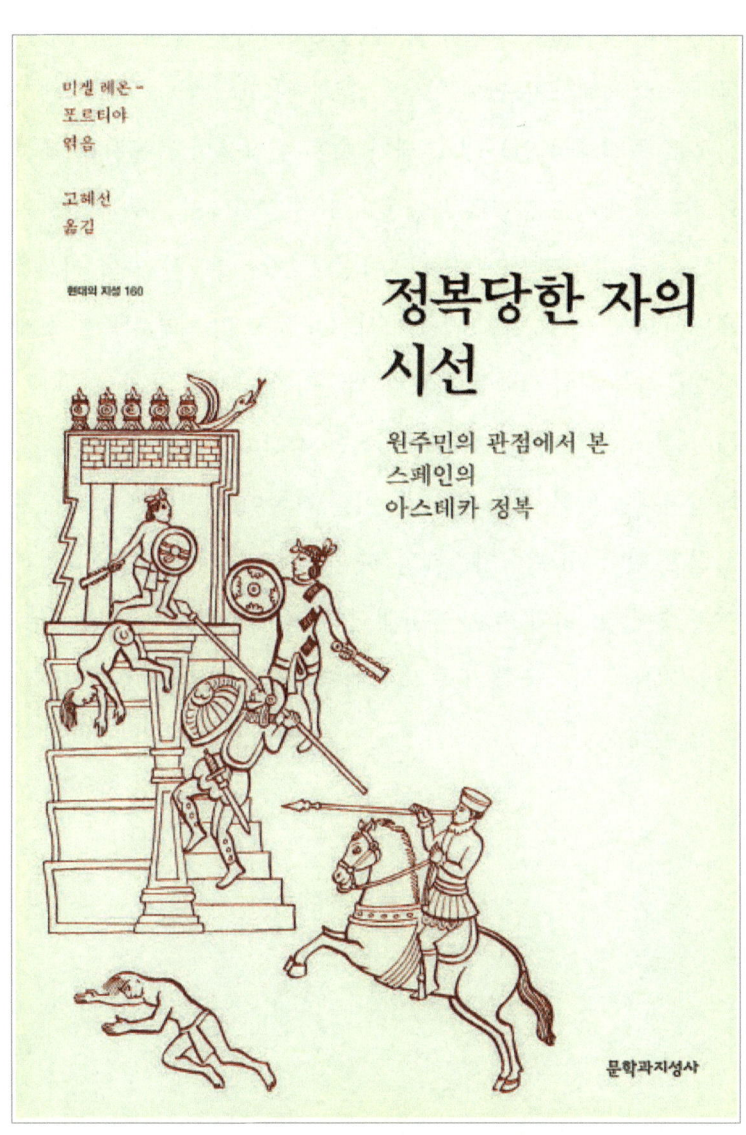

<정복당한 자의 시선> 고혜선 역, 2015

이와 관련해서 오래전에 읽었던 <악령이 들끓는 조선의 바다>라는 책이 생각났다. 네덜란드 공관으로 나가기 직전에 국제법률국에서 국제해사기구IMO 업무로 알게 된 고대 법대 교수님께서 선물로 주신 책이었는데 17세기 이후 이양선이 출몰하던 조선의 바다를 배경으로 같은 사건을 두고 서양인들의 기록과 조선의 기록을 같이 비교 소개하는 책이었다. <정복당한 자의 시선> 책도 이와 같이 한 가지 역사적 사건을 두고 양측의 기록을 소개함으로써 후세의 사람들이 보다 객관적인 시각을 갖게 해준다는 데서 큰 의의가 있다. 이러한 기록을 정리하고 나우아틀어를 스페인어로 번역한 편저자, 또한 이를 한국어로 번역한 번역자의 노력이 있어 16세기 아스테카 사람들의 비교적 솔직한 심정을 엿볼 수 있다. 저기 먼 지구 반대편의 5백여 년 전의 숨겨진 비극적인 기록이 시간을 뚫고 우리 곁에 다가온 느낌이다.

15.
영광의 100주년 독립기념탑, 비운의 200주년 독립기념탑

　에르난 코르테스가 아스테카 제국을 2년도 안 되는 단숨의 짧은 기간에 600여 명의 매우 적은 병력으로 쓰러뜨린 이후 멕시코 지역은 1810년 독립하기 전까지 스페인의 부왕령으로 약 300년간의 식민통치를 겪게 된다. 잘 알려진 바와 같이 식민통치 기간 동안의 지배자는 스페인 본국에서 파견된 관리들로서 이들은 (이베리아 반도에서 유래했다는 의미의) 반도인Peninsulares이라고 불렸고, 비록 같은 백인이지만 멕시코 현지에서 태어난 사람들은 이와 달리 크리오요Criollo로 지칭되면서 마치 서자와 같이 신분상 차별을 받았다.

　멕시코의 독립은 이들 크리오요들이 본토에서 온 스페인 권력자들에 대한 투쟁이기도 했다. 본격적인 독립투쟁의 불을 붙인 것은 미겔 이달고Miguel Hidalgo 신부님이다. 멕시코는 독립을 달성한 날을 독립기념일로 지정하지 않고, 이달고 신부님의 독립을 위한 외침이 있던 날로 지정하고 있다. 멕시코는 이달고 신부님의 독립 외침이 있었던 1810년 9월 16일을 독립기념일로 지정하고 있다. 그로부터 200년이 넘게 세월이 지나면서 멕시코는 두 번의 백주년 독립기념일을 맞아 이를 상징하는 기념탑을 만들었다.

1910년에 만들어진 독립 100주년 기념탑은 멕시코시티 중심 대로인 레포르마 대로와 플로렌시아 거리가 만나는 중앙에 위치하고 있다. 일명 천사탑이라고도 불린다. 기단 부분에는 독립영웅들의 조각이 사방을 장식하고 있다. 탑 꼭대기까지의 높이도 상당한데 계단을 통해 올라갈 수 있으나 사전에 예약한 경우에만 가능하다고 한다. 탑 맨 윗부분에는 금으로 도금한 상당한 크기의 날개 달린 천사가 한 손에 월계관을 내미는 모양으로 멕시코 시내를 내려다보고 있다. 스페인어에서는 천사가 남성형으로 천사탑이라고도 불리면서도 실제 조각상은 독립을 축하하는 승리의 여신상으로 찬란히 금빛을 발한다.

천사탑으로 불리는 독립 100주년 기념탑

천사탑 상부 조각

1910년은 멕시코 혁명의 해로써 독립 100주년의 의미가 남달랐을 것이고, 따라서 기념탑도 지금 봐도 훌륭한 수준으로 정성을 기울여 만든 것으로 느껴진다. 지금도 기념탑 주변에는 많은 관광객들이 모여들고, 신혼부부들의 웨딩촬영이나 성인식을 위해 예복을 입은 어린 소년 소녀들의 모습을 쉽게 볼 수 있다.

반면, 2010년 독립 200주년을 맞아 세운 200주년 기념탑에 대해서는 많은 사람들이 존재조차 잘 알지 못한다. 위치적으로도 그리 멀리 떨어져 있지 않으면서 같은 레포르마 대로 주변에 위치하는 데도 말이다. 200주년 기념탑은 조형적인 면에서 매우 단순함을 보이는데 직사각형 판넬을 수직으로 붙여 세운 모습이다. 마치 수직 기둥에 웨하스 같은 판을 차곡차곡 올려붙인 모습이다. 매우 높은 구조물이기는 하지만 주변의 고층건물에 가리기도 해서 사람들이 잘 모르는 경우도 많다. 또한 내부에서 빛을 발해 종종 색이 변하기는 하지만 보통 꺼져가는 형광등 정도의 낮은 명도의 색을 띠고 있어 존재감 없음을 더해준다. 더욱이 곧게 뻗은 레포르마 대로가 시내로부터 차풀테펙 성 방향으로 오다가 1시 방향으로 우측으로 꺾이는 부분의 왼편에 위치하는데 차량은 오른쪽으로 살짝 방향을 돌리게 되어 왼쪽에 있는 탑을 보지 못하고 지나치기 십상이다. 기념탑 인근에는 지하철 입구가 있고, 소년 영웅탑 입구로 가는 넓은 공간이 도로로부터 멀리 떨어져 있어 숨겨진 것과 같이 잘 보이지 않는 곳이다 보니 더욱 존재감이 없어 보인다. 화려한 장식을 한 100주년 기념탑에 비하면 지나치게 미니멀니즘적인 표현으로 매우 단순한 구조이다.

300주년이 되려면 거의 한 세기가 더 있어야 하지만 그때 또다시 기념탑을 만든다면 어떤 모습일지 미리 궁금해진다. 그때가 되면 영화 〈The Day After Tomorrow〉에서와 같이 지구 빙하기의 도래로 미국 대통령이 멕시코에 요청해 미국 국민들이 따뜻한 남쪽으로 갈 수 있는 날이 되어 멕시코가 세계의 중심이 되지 않으리라는 법은 없지 않은가?

독립 200주년 기념탑

16.
대통령궁과 디에고 리베라의 벽화

스페인 도시건설 양식의 기초는 광장을 중심으로 한다. 이는 비단 스페인뿐만 아니라 그리스 로마를 비롯한 서양의 기본적인 도시설계 방식이라고 할 수 있다. 중앙광장을 중심으로 성당과 궁전 또는 관공서들이 자리를 잡고, 그 이원으로 시민들의 주택이 배열된다. 90년대 초에 나온 영화 '시네마 천국'을 본 사람이라면 아마도 광장을 배회하는 미치광이 노인을 기억할지 모른다. 그 노인이 하는 말 중에 하나가 "광장은 내 것이야."라는 대사가 있었는데 대학시절 서양문화사를 가르치던 교수님께서 그 말이 서양 사람들의 잠재의식 속에 배어있는 광장 중심의 문화적 속성을 대변한다고 하신 설명을 들은 기억이 난다.

스페인 사람들에 의해 지배된 멕시코의 건축양식도 예외는 아니다. 영화로웠던 아스테카 제국의 수도였던 테노치티틀란을 정복한 코르테스와 이를 이은 스페인 사람들은 옛 아스테카 제국의 중심부 바로 인근에 소칼로 광장(현재 공식 명칭은 헌법 광장이다.) 을 만들고 이를 중심으로 부왕청과 대성당을 건설하였다. 부왕청 건물은 현재 우리말로는 대통령궁이라고 지칭하는데 스페인어로는 국립궁전이다. 코르테스의 정복 직후인 1522년 코르테스의 두 번째 사저로써 아스테카의 목테수마 황제 궁전 위에 건설을 시작했고, 이후 스페인 왕가에서 매입하여 Nueva España(현재의 멕시코) 부왕령의 부왕청으로 사용되었다.

대통령궁(국립궁전)은 1692년 화재로 상당 부분이 손실되었으나 복구되었고, 1822년부터 1884년까지 대통령궁겸 관저로 사용되었으며, 이후 관저는 오늘날 차풀테펙 성으로 이전하였으나, 대통령궁은 1968년까지 집무실로 계속 사용되었다. 1987년에는 유네스코 세계문화유산으로 등재되었다. 얼마 전까지 대통령 집무실은 로스 피노스Los Pinos라고 따로 있어, 외국정상 방문 공식행사, 신임장 수여식 등 다양한 의전행사는 기존 대통령궁에서 이루어졌지만, 로페스 오브라도르 대통령 취임 직후 로스 피노스는 국민들에게 개방되었다.

소칼로 광장, 좌측에 대성당, 우측에 대통령궁이 보인다.

대통령궁은 소칼로 광장의 동쪽면을 모두 차지할 정도로 좌우로 굉장한 길이를 자랑한다. 광장 쪽에서 볼 때 출입구가 중앙과 좌우 양쪽을 합해 3군데가 있는데 항상 바리케이드가 쳐져 있거나 어쩌다 가깝게 접근한다 하더라도 삼엄한 경비를 만나게 된다. 이쯤 되면 안으로 들어간다는 생각은 저 멀리 달아난다. 하지만 대통령궁 안에 있는 유명한 화가 디에고 리베라의 벽화인 '멕시코의 대서사시'를 보려면 여기서 포기하면 안 된다. 이제는 제법 알려져 있지만, 혹시나 잘 모르는 분들을 위해 입장하는 방법을 알려드리면 다음과 같다.

출입구는 정면에 있지 않고 왼쪽 측면에 있다. 대통령궁을 정면을 봤을 때 왼편으로 돌아 골목길로 접어들어 조금 걸어가면 측면에 입구가 하나 있다. 경찰과 군인들이 지키고 있어 처음 보는 사람들은 정말 출입구인지 확신 못하고 그냥 가는 사람도 있다. 경찰이나 군인에게 물어보면 여기가 관람하기 위한 입구라고 안내해준다. 여기에 줄을 서면 된다. 다만, 여권 등 사진이 있는 신분증이 필요하고, 오후에는 4시 30분경에 입장을 마감하기 때문에 적어도 4시 훨씬 이전에 들어갈 수 있도록 서둘러야 한다.

대통령궁 안에는 재무부와 국방부 사무실도 있다. 궁 안으로 들어가면 바로 오른편에는 1800년대 후반 인디오 출신의 첫 대통령이었던 베니토 후아레스Benito Juarez 기념관과 재무부가 있다.

입구에서 직진하면 선인장 정원이 나오는데 처음 보는 수많은 종류의 선인장들로 가꾸어져 있다. 더 들어가면 국방부다. 가는 길 오른편에 기념품 가게와 큰 정원(파티오)이 나오고 중앙에는 분수가 있다.

광장 건너편에 2층으로 오르는 큰 계단이 보이는데 그 뒷면 큰 벽면에 디에고 리베라의 '멕시코의 대서사시'가 웅장한 스케일로 그려져 있다. 계단을 오르다가 좌우 양방향으로 모두 위층으로 올라갈 수 있게 되어 있는데 2층에 올라와서 중앙에서 보면 오른쪽부터 왼쪽 방향으로 세상의 시작과 멕시코 고대 문명의 장면들, 아스테카 제국의 모습, 스페인의 정복, 식민시절, 스페인으로부터의 독립, 복잡한 근현대의 정치적 과정, 1910년 혁명과 현재에 이르기까지 멕시코의 역사가 그림으로 담겨져 있다.

디에고 리베라 벽화, 멕시코의 대서사시 중앙 부분

1930년부터 1936년 사이에 그려진 이 벽화는 고대 문명에서부터 혁명 시기까지의 주요한 역사상 인물들을 모두 등장시켜 멕시코의 역사를 한눈에 볼 수 있도록 압축적인 방법으로 대서사시를 써나아간 것으로 평가받는다. 특히 디에고 리베라는 르네상스의 프레스코 기법을 되살렸을 뿐만 아니라 원주민들에게서 직접 마야와 아스테카 문명의 프레스코화 기법을 배워 그림에 적용했다고 한다. 2층 회랑에도 여러 벽화가 있는데 오른쪽으로 돌면서 계속해서 디에고 리베라가 그린 그림을 볼 수 있다. 아스테카 제국의 수도 테노치티틀란의 전경을 큰 벽면에 담고 있는 그림이 있는가 하면, 아스테카 사람들의 고무채취 모습, 이후 스페인 사람들에 의해 잔혹하게 착취당하고 고문당하며 희생당하는 모습들도 그림으로 남겼다. 조금 더 가면 초기 의회 모습을 재현한 전시실도 보이며, 여기에는 초기 헌법문서와 건국에 관련된 유물들이 전시되어 있었다. 햇볕이 따가운 넓은 대통령궁 광장에 서서 건물을 보고 있자면 여러 가지 복잡한 감정이 교차한다.

아스테카 제국 위에 세워진 웅장한 이 스페인 양식의 건물은 가지런히 잘 정돈된 돌벽돌 바닥에 원주민들의 고통과 희생과 고난을 묵중하게 간직하고 있는 것 같기도 하면서, 한편으로는 그나마 디에고 리베라가 '멕시코 사람으로서' 원주민과 스페인 정복 및 그 후예로서의 어느 한쪽 편도 아닌 멕시코 시각에서의 역사를 그린 벽화들로 자기 역사를 승화시킨 것 같아 다소 위안이 되기도 한다. 또 다른 한편으로는 복잡했던 권력투쟁, 혁명, 독재 등을 거치면서 권력의 핵심부에서 지난한 역사의 소용돌이를 지켜봤을 이 건물의 입장에서 생각해볼 때 애잔함과 덧없음이 동시에 느껴진다.

"이건 그냥 사진이 아니야! 가족이야! 기억해야 해!"

<코코> 영화에 나오는 대사의 한 부분인데, 이 부분이 바로 멕시코 사람들의 죽음에 대한 생각을 정확히 반영하는 대목이라고 생각된다. 이런 바탕적인 사고를 이해한다면 조상들의 무덤에 찾아가 파티를 벌이는 다소 생경했던 망자의 날 풍습이 많이 이해된다. 이 영화에는 외국 사람들이 잘 알지 못했던 망자의 날 풍습과 멕시코 사람들의 대가족주의, 가족 간의 사랑 등이 잘 묻어나 있다. 멕시코에 관심이 있는 사람이라면 한 번쯤 꼭 볼 것을 권한다. 멕시코 사람들의 정신세계를 이해하는 데 많은 도움이 되는 영화이다.

제3장
─
독특함이 넘치는
풍요로운 문화

1.
아름다운 성모님, 과달루페 성모님의 발현

매년 12월 12일은 멕시코시티 북쪽에 위치한 테페약Tepeyac 언덕에 원주민이었던 후안 디에고Juan Diego에게 성모님이 나타나신 (발현) 것을 기념하는 날이다. 성모님께서 후안 디에고 앞에 나타나신 때는 1531년이었다. 과달루페 성모님은 중남미 국가에서 카톨릭 신앙의 핵심이라고 할 정도로 최상의 종교적 아이콘이라고 말할 수 있을 정도이다. 특이한 점은 과달루페 성모님은 까무잡잡한 피부를 가진 그야말로 백인이 아닌 유색인종 얼굴의 특징을 갖고 있어 그런지 중남미 전역에 있는 모든 이들 특히, 원주민들에게 숭배의 중심에 있다.

과달루페 대성당(스페인어로는 '바실리카 데 과달루페'라 한다.)은 성모께서 후안 디에고 앞에 나타나신 것을 기념하여 1709년에 건립되었고, 1976년에 구성당 바로 옆에 현대식 건물로 새로운 대성당이 지어졌다. 18세기에 지어진 원래 성당은 앞쪽으로 많이 기울어져 있는데 정면에서 보면 별로 기울어져 있는지 모르나, 안에 들어가보면 똑바로 서있기에 지장이 있을 정도로 많이 기울어 있다. 특히, 멀리 떨어져서 측면에서 바라보면 기울기가 가히 피사의 사탑 수준이라고 할 정도이다. 어쨌든 현대식 대성당이 바로 옆에 지어진 이후에는 밀리는 것을 막는지 더 이상 기울어지지는 않는다고 한다.

과달루페 성모님에 대한 신앙은 멕시코 전역 어디에서도 쉽게 찾아볼 수 있다. 후안 디에고가 입었던 옷(틸마)에 기적과 같이 새겨졌다는 과달루페 성모님의 모습은 택시나 트럭기사의 운전대, 구멍가게의 한구석, 웬만한 가정집이나 기념품 상점에서 어렵지 않게 볼 수 있다.

성모님이 발현하셨다는 12월 12일을 즈음하여 2~3일간 과달루페 성당 방문자의 수는 상상을 초월한다. 연간 약 2,300만 명이 성당을 방문하는데, 12월 12일을 즈음해서는 2~3일간 약 9백만 명이 성당을 찾는다고 한다. 순례자가 약 8백만 명, 여행자 및 일반 방문자 등을 합하면 9백만 명이 2~3일 사이에 성당을 방문한다. 성당을 향한 순례자 행렬은 이 기간에만 한정되는 것은 아니다. 12월에 주로 집중되기 때문에 이를 피해 연중 각 지방, 단체별로 순례행렬이 끊이지 않는다.

좌측의 과달루페 새로운 성당과 오른쪽 안쪽에 앞으로 기울어져 보이는 구성당

기적을 위해 병자를 동행하여 순례를 하기도 하고, 고행을 행하면서 오는 순례자가 있는가 하면, 순례 자동차 행렬, 어떤 경우에는 순례 자전거 행렬 등도 목격할 수 있다. 그리고 많은 순례자들이 성당 입구부터는 무릎으로 기어서 순례를 하는데 성당 본 건물까지도 상당한 거리여서 쉽지 않아 보이지만 멕시코 사람들의 종교적 열정을 확인할 기회이기도 하다. 내 눈으로 보아도 거리를 행진하는 순례단들이 조금 위험해 보이긴 하지만 종교적 열정은 어쩔 수 없이 높이 평가할 수밖에 없다. 순례자들이 지방도로나 복잡한 도로를 따라 행진을 하다 보니 가끔 교통사고로 인한 사망 소식도 심심찮게 들려 안타까울 따름이다.

순례자들은 대개는 한 해 동안 성모님의 은혜 덕분에 가족들이 평안하고, 또 새해에도 성모님의 축복을 받기 위한 소박한 마음으로 성모님을 찾는다고 한다. 어쩌면 이들, 특히 원주민들의 굴곡진 역사적 역경을 험난한 현실과 달리 그동안 성모님께서 오랫동안 치유하고 위로해주셨고, 또 앞으로도 오랫동안 이들을 지켜주시리라 믿는다.

1976년 구성당 옆에 새로 지어진 과달루페 대성당

2.
과달루페 성모님 발현에 관한 다른 이야기들

멕시코의 카톨릭은 과달루페 성모님 중심이라고 할 수 있다. 멕시코 사람들의 일상에는 과달루페 성모님의 신앙이 배어있고, 그 기원은 앞서 본 것처럼 1531년 원주민 후안 디에고 앞에 성모님께서 3번이나 발현하신 사실에서 출발한다. 흔히, 세계 3대 성모 발현 성당이 있다고들 얘기하는데, 성모님이 발현했다는 주장은 수없이 많으나 로마교황청에 의해 공식적으로 인정된 곳은 전 세계에서 포르투갈의 파티마, 프랑스 남부의 루르드, 그리고 멕시코의 과달루페 성당뿐이다.

과달루페 신앙은 멕시코가 1521년 에르난 코르테스에 의해 정복된 지 10년 후에 일어났다. 카톨릭으로 개종한 원주민이었던 후안 디에고가 멕시코시티 외곽의 테페약 언덕을 넘어 멕시코시티 성당으로 가던 중 성모님께서 나타나 이곳에 성당을 지으라고 하셨다. 깜짝 놀란 후안은 당시 멕시코 대주교님에게 이를 얘기했지만, 아무도 믿어주지 않았고 그 증거를 가져오라는 말만 들어야 했다. 사실 성모님을 다시 만나는 것을 두려워한 후안 디에고에게 성모님은 두 번 더 발현하셨고, 증거로 겨울철에 있을 리 만무한 장미꽃을 후안 디에고의 옷(틸마, 원주민들이 입는 긴 망토 형태의 의상)에 안겨주셨다. 이를 대주교님 앞에서 펼쳤을 때 장미꽃이 떨어지면서 옷 표면에 성모님의 모습이 새겨져 있었는데 이런 기적을 보고 성모님 발현을 인정하지 않을 수 없었다는 얘기다.

성모님 모습이 새겨진 후안 디에고의 옷 원본은 현재 1976년에 신축된 대성당 제단 뒤편에 있는 높은 벽 위에 유리액자로 전시되어 있고, 그 앞에 무빙워크 몇 개가 설치되어 있어 방문객이 좌우로 이동하면서 이를 감상할 수 있게 되어 있다. 어떤 이는 연구자들이 성모님 모습 중 눈 부분을 크게 확대해보니 놀랍게도 후안 디에고가 틸마를 펼쳤을 때 기적이 행해지고 대주교가 놀라는 모습이 나타났다고 해 과달루페 성모님 신앙의 신빙성을 더해준다고도 했다.

하지만, 이러한 높은 신앙심에도 불구하고 성모님의 발현이 기적이 아니라 만들어진 것이라고 주장하는 사람들도 있다. 다음은 〈멕시코의 알려지지 않은 역사〉라는 멕시코 책에서 읽은 얘기인데 이 주장이 맞는지 또는 틀린지 여부는 각자의 판단 몫으로 돌린다. 이런 주장들을 몇 개 소개하자면 다음과 같다.

대성당에 전시 중인 성모님이 새겨진 후안 디에고의 옷 부분

첫째로는 과달루페 성모의 기원이다. 과달루페란 말의 어원은 스페인 서부에 있는 엑스트레마두라Extremadura 지방에 있는 과달키비르Guadalquivir 강에서 왔다는 주장이다. 즉, 스페인의 엑스트레마두라 지방에는 이미 과달루페 성모의 전설과 신앙이 존재하고 있었는데, 8~9세기에 한 목동이 과달키비르 강가에서 작고 검은 성모상을 발견한 이래 이 지역에서는 검은 성모상 숭배가 광범위하게 퍼져 있었다고 한다. 우연인지 1492년 스페인 이사벨 여왕의 지원을 받아 콜럼부스가 신대륙을 발견한 이래 스페인은 지속적으로 탐험대를 보내게 되는데 당시 카스티야-레온 왕국의 사람들 중심으로, 특히, 엑스트레마두라 출신의 사람들이 탐험대에 많이 참가하였고, 또 우연인지 멕시코를 정복한 에르난 코르테스 역시 엑스트레마두라 출신이었다. 즉, 에르난 코르테스는 멕시코에 오기 전부터 이미 과달루페 성모님을 믿고 있었고, 일부 역사학자들에 의하면 코르테스는 멕시코 정복 직후 과달루페 성모님이 발현하기 이전에 이미 지금의 테페약 인근에 과달루페 성모님을 모시는 작은 성당을 지었다고 한다.

둘째는 후안 디에고의 옷의 진위 여부이다. 성모님 모습이 새겨졌다는 원주민 의상, 틸마Tilma에 대해서도 의문이 제기된다. 틸마는 긴 망토 형태의 원피스인데 보통은 조야하고 거친 질감의 옷감으로 되어 있다. 전문가들이 성모님이 새겨진 틸마 원본을 정밀조사를 했는데 당시에도 구하기 어려운 매우 고급품질의 실크로 되어 있다고 한다. 또한, 보통 틸마가 목에 걸치고 발목 정도까지 내려오는 옷이기 때문에 옷의 길이가 일반적으로 입는 사람의 신장보다는 짧은 게 상식이라고 할 수 있는데, 현재 전시되어 있는 원본 의상의 실제 길이는 185센티미터에 달해 이를 입을 수 있는 사람의 신장은 적어도 2미터 30~40센티미터가 되어야 한다는 셈이어서 현실적이지 않다는 주장도 있다.

마지막으로 한 가지만 더 소개하면, 기록에 따르면 1530년대 원주민 중 카톨릭 신부로부터 서양화를 배운 잘 알려지지 않은 화가가 있었고, 그 화가의 작품이 몇 개 남아있는데 과달루페 성모님 모습과 매우 유사한 화풍이라는 주장도 있다.

멕시코뿐 아니라 중남미 전체에서 과달루페 성모님에 대한 신앙을 보면 이러한 반대 주장들이 사실인지 또 사실이 아니라고 주장할 의미가 있는지 모르겠다. 어쩌면 종교적 신념이 현실에서 더 큰 의미를 가질 수 있기 때문에 이러한 반대 주장들은 소수의 의견으로 모든 것을 의심하는 회의주의자의 결과라고 치부되어 버릴 수도 있기 때문이다. 과달루페 성모님 발현이 사실이든 아니든 간에 멕시코를 포함한 중남미의 많은 사람들에게는 생활이자 고달픈 삶의 위로가 되는 아늑한 어머니의 품으로 남아있고, 또 계속 그렇게 남아있으리라.

3.
멕시코 국민주 테킬라

멕시코에도 다양한 술이 있으나 뭐니 뭐니 해도 테킬라가 대표격이라고 할 수 있다. 테킬라의 명성은 최근 많이 높아져 세계적으로 알코올 소비가 감소하는 추세인 가운데에서도 테킬라는 점점 소비가 늘어나고 있다. 2015년도 조사에 따르면 세계 주류시장은 최근 10년 이래 0.7% 감소세를 보였으나 테킬라는 2010~2015년간 약 22%의 증가세를 기록했다. 보드카와 럼주는 소비가 줄었으나, 테킬라만큼은 22%가 증가해 소비량으로 보면 2010년 22.5만 리터에서 2015년 27.4만 리터로 증가했다. 이렇게 증가한 이유로는 신세대들의 새로운 것을 추구하는 특성에 기인한 것으로 보이는데, 테킬라뿐만 아니라 이와 유사한 메스칼의 경우도 예외는 아니었다. 또한, 눈여겨볼 만한 사항은 이들이 고급주류로써 애용되고 있다는 점이다.

다양한 종류의 테킬라

2015년 전 세계에서 소비된 테킬라는 금액으로 따지면 약 1,100만 달러에 상당하는데, 이중 49%가 미국에서 소비되었고, 멕시코 국내에서는 37%가 소비되는 양상을 보였다. 이외에도 독일, 남아공, 러시아에서 1% 내외로 소비되었고, 기타는 약 70여 국에서 소비되었다. 전 세계적으로 팔린 테킬라의 상표 순으로 보면 다음과 같다.

1. Jose Cuervo
2. Sauza Tequila
3. Patron
4. Cazadores
5. El Jimador
6. Cabrito
7. 1800 Reposado
8. Juarez
9. 100 Años
10. Don Julio

반면, 멕시코 내에서 많이 팔린 테킬라 상표의 순위는 1. Jose Cuervo, 2. Cabrito, 3. Cazadores 순이었다. 전문가들은 테킬라나 메스칼의 소비수요가 계속 늘어날 것으로 전망하고 있는데 2020년에는 15% 정도 증가된 31.7만 리터가 소비될 것으로 예측하고 있다. 또한, 지속적으로 확장되고 있는 자유무역협정 체결로 세계 소비는 더욱 가속화할 것으로 보고 있다.

앞서 지적했듯이 전 세계 알코올 소비량이 감소하고 있는데, 2015년에만 약 17억 리터가 덜 팔렸다고 한다. 이는 중국, 브라질, 동유럽, 남아공, 중동 등의 국가들의 소비 감소, 국제원자재 가격 하락 등에 원인을 찾을 수 있다. 이런 세계적인 감소 추세 속에서도 중남미에서는 알코올 소비가 매년 2.3%씩 증가하고 있는데 국제무대에서 일견 중남미 경기 회복이라는 긍정적 전조현상으로 볼 수 있다는 다소 희망적인 주장도 제기되고 있다. 최근 한국에서도 다양한 이색적인 주류를 찾는 분위기가 강하다. 테킬라가 매우 높은 도수를 자랑하는 독주이긴 하나, 선인장 발효주로써 뒤끝이 없는 깨끗함으로 많은 한국의 애주가들에게도 인기를 끌고 있는 것으로 보인다. 멕시코 전통주 테킬라의 선전을 기대해본다. Viva Tequila, Viva Mezcal!(테킬라 만세, 메스칼 만세)

4.
멕시코의 맥주시장

멕시코 하면 떠오르는 문화 아이콘은 무엇일까? 마리아치의 큰 모자, 아스테카 및 마야 문명 등을 들 수도 있겠지만 그중에서도 코로나 맥주도 유력하지 않을까 한다. 최근 코로나19 사태로 한때 이름이 같다는 이유로 관심을 끌었지만 오히려 갈수록 사업에는 별로 도움이 되지 못한 듯하다.

물론 멕시코에는 코로나 맥주 말고도 당연히 다른 맥주들이 많이 있기는 하다. 다른 유명한 맥주로는 모델로Modelo 그룹이 생산하는 모델로 에스페시알Modelo Especial, 모델로 네그로Modelo Negro 등이 있는데 멕시코에서 만났던 많은 한국 사람들은 주로 모델로 에스페시알을 많이 선호하는 걸 봤다. 이외에도 인디오Indio, 떼까떼Tecate, 도블레 엑끼스Double X, 빠스쿠알Pascual 등등 나라가 크다보니 맥주 종류도 많다.

코로나 맥주

잘 몰랐었는데 멕시코는 세계 4위의 맥주 생산국이다. 연간 약 97억 리터를 생산한다고 한다. 이와 동시에 최대 소비국이기도 하다는데 국내에서 많이 소비되는 맥주는 대부분 4도 미만의 부드럽고 투명한 병의 라거 맥주이다. 최근에는 수제맥주에도 관심이 높아져 수제맥주 관련용품 취급점이 늘어나고 있고, 연간 0.12%의 증가율을 보이고 있다고 한다. 수입맥주도 큰 폭으로 증가하고 있는데 연간 증가율이 30%나 된다고 한다. 2007년 수입맥주 비중이 0.2%에 불과했는데 2015년에는 3%로 높아졌다. 2015년 2.56억 리터의 맥주가 수입되었는데 나라별로 보면 미국이 94%, 이어서 벨기에(4%), 독일(1%), 네덜란드(0.3%), 과테말라(0.2%), 영국 및 아일랜드(각각 0.1%)였다.

전문가들은 이렇게 멕시코 사람들이 점차 수입맥주를 즐겨 찾는 이유로는 멕시코 사람들의 음주문화에 대한 관심이 확대되고, 맥주전문 체인점들이 증가하고 있으며, 어쩌면 질보다는 유명세 즉, 상표에 집착하는 성향에 기인하는 것으로도 분석하고 있다. 일례로 벨기에 맥주인 Duvel이나 Boscoli 같은 수입맥주는 300%나 증가세를 보이기도 한다. 또한, 멕시코의 음주문화는 우리와 비교해보면 차이가 있다. 멕시코 사람들은 다른 서구인들과 유사하게 그리 과음하는 문화는 아니나 가볍게 맥주 한두 잔 하는 문화는 더 광범위한 것 같다.

5.
멕시코의 숨겨진 전통주

 술 얘기가 나온 김에 맥주 말고 멕시코를 대표하는 술인 테킬라에 대해 좀 더 알아보자. 이전 글에서는 주로 테킬라의 소비패턴에 대해 주로 알아보았는데 여기서는 테킬라의 제조와 종류, 그리고 마시는 방법에 대해서도 살펴보기로 한다. 테킬라는 아가베라는 선인장으로 만드는데 용설란이라고도 한다. 멕시코에 가면 정말 다양한 종류의 선인장들이 있는 것을 볼 수 있는데 멕시코시티 소칼로 광장에 있는 대통령궁을 가보면 선인장 정원이 있는데 생전 보지도 못했던 선인장을 한 번에 볼 수 있다.

 용설란은 글자 그대로 용의 혀와 같이 생겼다는 것인데 굉장히 크고 두꺼운 잎으로 굽이쳐 있는 거대한 선인장의 모습을 하고 있다. 이 용설란은 술 말고도 고대에는 종이, 비누, 바늘, 실 등 다용도로 사용되었다고 한다. 테오티우아칸 피라미드를 방문할 기회가 있으면 B 출입문에서 A 출입문으로 가는 길에 좌측 첫 번째에 위치한 원주민 협동조합 기념품 가게를 방문해보기를 권한다. 이곳에는 한국 단어를 섞어가면서 재미있게 설명하며 시범을 보여주는 멕시코 가이드 아저씨가 있는데 재미도 재미이지만 용설란이 어떻게 종이, 비누, 바늘, 실로 쓰였는지를 실제 볼 수 있는 매우 좋은 기회가 된다.

용설란 기둥을 자르고 밑으로 구멍을 파놓으면 그 안에 수액이 모이게 되는데 달콤함 때문인지 벌들이 그 위를 분주히 날아다닌다. 이 달콤한 수액을 발효시켜 만든 것이 바로 뿔께Pulque라는 전통술인데, 희멀건 색에 달콤하면서 쌉쌀한 맛이 난다. 이를 두고 한국 사람들은 멕시코판 막걸리라고 부르기도 한다. 과거 아스테카 사람들이 마시던 술이기도 하다. 실제 마셔보면 좀 조야한 느낌이 들기도 하지만 이게 멕시코 전통주였겠구나 생각하면 나름 의미가 있다. 동시에 이러한 제조법 성격상 가내에서 주로 생산되어 소비되며, 상업화되지 않고 수출도 되지 않기 때문에 멕시코 이외에서는 잘 알려져 있지 않다.

용설란을 증류해서 만드는 술이 바로 테킬라인데, 위키나무 등에 보면 다양한 용설란을 이용해 만든 술이 메스칼이고, 용설란 중 블루 용설란만을 이용하거나 할리스코 지방에서 만든 것을 테킬라라고 한다고 한다. 메스칼은 술병을 들여다보면 밑바닥에 송충이 정도 크기의 선인장 벌레가 들어있다. 이 선인장 벌레를 짓이기거나 문지르면 짙은 붉은 빛이 나는데 아스테카 사람들은 염료로 사용했다. 이 또한 테오티우아칸 피라미드 사이에 있는 사자의 길을 걷다보면 이를 직접 보여주는 방물장수들을 간혹 만나게 된다.

테킬라는 45도 정도의 높은 도수의 술인데 뒷맛이 깨끗하고 숙취가 거의 없다고 한다. 요즘 한국에서도 테킬라가 좋은 술로 취급을 받고 있는 것 같다. 종류도 아주 많은데 저렴한 것부터 시작해서 우리 돈으로 30~40만원 하는 고가품도 있다. 숙성 기간에 따라서 등급을 나누기도 하는데 블랑코Blanco는 숙성기간 없이 바로 병입한 것을 말하고, 레포사도Reposado는 1년 미만의 숙성기간을 거친 것이고, 1년 이상 숙성시킨 것을 아녜호Añejo라고 한다. 미국 공항 면세점에서 팔리는 테킬라는 웬만한 고급 위스키에 못지않게 고가에 팔린다. 이전에 얘기했듯이 세계적으로 주류소비가 점차 감소함에도 불구하고 테킬라의 소비는 증가하고 있는데, 테킬라가 이처럼 판매호조를 보이고 있는 이유로는 이국적 대안을 찾는 젊은 세대의 수요증가 말고도 최근 들어 테킬라가 프레미엄급으로 품질을 향상시켰기 때문이라고 분석되고 있다.

테킬라를 마실 때는 왼손 엄지와 검지 사이 손등 쪽에 소금을 얹어놓은 후 소금을 혀로 핥은 다음 테킬라와 함께 마시는 것으로 알고 있었는데, 멕시코 식당에서 보니 스트레이트 잔 2개를 앞에 놔주고 한 잔에 테킬라를, 나머지 잔에는 짭짤한 맛이 나는 토마토 주스를 따라 내준다. 테킬라를 먼저 마시고 이어서 토마토 주스를 들이키는데 잘 안 취하고 건강에 좋다는데 물론 많이 마시지 않는다면 말이다.

이야기가 나온 김에 테킬라를 이용한 유명한 칵테일주가 있는데 바로 마르가리타이다. 라임과 테킬라를 섞어 만든 것인데 둥그렇고 넓은 잔 주위에 소금이 둘러가며 묻힌다. 보통은 하얀색이지만 주스 등을 혼합한 다양한 색깔의 마르가리타가 있다. 마르가리타는 달달한 맛에 홀짝 홀짝 계속 마시게 되기 쉬운데 독한 테킬라가 들어있기 때문에 한 잔을 다 마시고 나면 자신도 모르는 사이에 취기가 확 돌아 실수할 수도 있으니 조심할 필요가 있다.

6.
멕시코의 주식
옥수수에 담긴 비밀

 멕시코 사람들에게 옥수수는 우리에게 쌀과 같은 존재일 정도로 고대로부터 중요한 곡물이다. 페루를 중심으로 하는 남미 잉카 문명에서는 감자가 주식인 반면, 중미 지역의 아스테카와 마야 문명은 가히 옥수수 문명이라고 할 수 있다. 옥수수에 대한 신화를 굳이 예를 들지 않아도 멕시코 사람들은 수천년 오랜 시간을 옥수수와 함께해왔다. 멕시코의 대표적인 음식이라고 할 수 있는 타코Taco는 옥수수를 가루로 만들어 반죽한 전병 형태인 토르티야Tortilla를 기본으로 하고 있다. 따뜻하게 데운 토르티야에 소고기, 닭고기, 돼지고기, 내장 등 다양한 재료를 넣는 것에 따라 소고기 타코, 닭고기 타코 등 다양한 이름의 타코로 불린다. 치즈를 넣고 기름을 둘러 구워낸 것이 케사디아Quesadilla이다. 물론 옥수수 이외에 다른 식재료를 가지고 만드는 멕시코 음식도 많이 있지만, 옥수수를 활용하지 않는 음식을 찾기 힘들다고 할 정도로 멕시코 음식문화에서 옥수수가 차지하는 비중은 실로 매우 크다.

잘 알려진 대로 멕시코가 원산지인 옥수수는 스페인 사람들에 의해 유럽으로 이식되어 많은 빈민들을 기아에서 구제하였다. 그런데 유럽에서는 옥수수 농사가 확대되고 식량으로써 옥수수에 의존할수록 홍반병이라고도 불리는 펠라그라병으로 많은 희생을 동반했다. 펠라그라병은 온몸에 심한 두드러기처럼 붉은 종기가 발생하는데 피부염뿐만 아니라 소화장애를 일으키고, 심할 경우에는 정신질환으로 이어지기도 한다고 한다. 그런데 정작 옥수수를 더 많이 오랫동안 주식으로 삼아왔던 멕시코 사람들은 이런 펠라그라병과는 무관했다. 어떻게 이게 가능했을까? 중남미 전문가인 이성형 교수가 쓴 〈콜럼부스가 서쪽으로 간 까닭은?〉(2003, 까치글방)이라는 책에 보면 이에 대한 해답이 들어 있다.

옥수수는 성장이 빠르고 수확량이 많아 훌륭한 영양 공급원이기는 하나, 한 가지 치명적인 단점이 있다고 한다. 옥수수에는 우리 면역에 필요한 비타민인 B3(나이아신)의 생성을 돕는 크렙토신이 다른 곡물에 비해 현저히 낮다. 옥수수만 섭취할 경우 결과적으로 나이아신 부족으로 홍반병에 걸리게 되어 쓰러지게 된다고 한다. 이 교수는 중남미 사람들이 펠라그라병에 걸리지 않은 비결을 소개하고 있다. 멕시코 사람들은 옥수수 반죽을 만들기 전에 조개가루를 갈은 생석회나 나뭇재를 물에 풀어 옥수수 알갱이를 30분 정도 담가놓은 후 으깨어 반죽을 만든다고 한다. 이 과정에서 석회와 결합하면서 나이아신이 보강되어 펠라그라병에 걸릴 위험이 없어진다는 것인데 유럽인들은 옥수수를 가져갔지만 정작 이런 방법까지는 가져가지 못했던 것이다.

어쨌든 옥수수는 유럽을 거쳐 전 세계에 퍼졌고, 우리나라에도 강원도 하면 찰옥수수가 유명하고, 북한에서는 오랫동안 옥수수 배급이 이어지고 있다. 어떤 신문기사에 보니 텔레비전에 비치는 북한 주민들의 얼굴이 붉은 이유를 펠라그라병 때문일 것이라고 하던데 사실인지 여부를 알 수 없으나, 이런 얘기들을 생각하면 일면 머리가 끄덕여지기도 한다. 옥수수에 대해서는 참 할 얘깃거리가 많은 것 같다. 옥수수의 원산지이면서 최대 생산국인 멕시코를 위협하는 미국의 유전자변형 옥수수의 수입 문제며, 멕시코의 먹거리를 풍부하게 해준 다양한 형태의 옥수수 요리 등이 많이 있다.

7.
유전자변형 옥수수

옥수수는 멕시코가 원산지일 뿐만 아니라, 멕시코 사람들에게 있어서는 우리의 밥과 같이 없어서는 안 될 먹거리이다. 하지만 현재 멕시코는 아이러니하게도 옥수수 수입국이기도 하다. 옥수수의 원산지라는 명예에도 불구하고 일부 대규모 다국적 종자회사에 의해 멕시코 내 유전자변형 옥수수가 재배되고 전 세계적으로 거래되고 있는 실정이다.

많은 사람들이 이미 알고 있듯이 유전자변형GMO 옥수수는 병충해에 강하고 수확량을 극대화하지만 씨를 생산하지 못하도록 유전적으로 조작해놓았기 때문에 지속적으로 씨앗을 구매해야 하고, 이에 따라 농민들의 다국적 회사에 대한 종속성을 벗어날 수 없게 하는 구조를 영구화한다. 현재에도 계속해서 많은 NGO들이 유전자변형 옥수수의 파종을 막기 위해 법적인 투쟁을 벌이고 있지만 쉽지 않아 보인다. 이들의 주장은 주로 단품종을 심음으로써 대규모 병충해 피해를 입을 수 있다는 데 초점을 맞추고 있다.

어쨌든 GMO 옥수수 논쟁은 여전히 멕시코 국내뿐만 아니라 세계적으로도 뜨거운 감자와 같은 논쟁거리임에도 불구하고 점차 GMO 옥수수의 확산은 늘어만 가는 형국이다. 현재 GM 1597, BT 11, 그리고 Mon 810 등의 유전자변형 옥수수 종자들에 대한 법적 판단이 곧 유럽연합에서도 이루질 예정이라고 한다. Slow Food라는 NGO 단체는 이들 GMO 농산물들에 대한 대중의 수요가 없고, 보건, 환경 및 사회적·경제적 문제를 야기한다고 주장하고 있으나 이를 뒷받침하는 명확한 논거는 강하지 않은 것으로 보인다.

멕시코 사람들이 옥수수를 많이 섭취하는 것도 맞지만, 주로 미국 다국적 회사에 의한 유전자변형 옥수수의 멕시코 내의 재배 확산은 멕시코 농민들의 어려움을 보여주는 동시에 다른 한편으로는 많은 양의 옥수수가 사료용으로 재배되어 무시 못할 규모로 미국 낙농업계에 다시 수출이 되고 있는 현실을 보면 미국도 이 문제에 있어 그리 자유롭지 못한 입장이다.

트럼프 대통령이 당선되고 나서 미국은 멕시코, 캐나다와 북미자유무역협정 개정 카드를 꺼내들었다. 1년 반에 걸친 협상 끝에 대체로 미국에 유리한 방향으로 개정이 되었지만 멕시코로서도 나름 선방을 했다고 평가를 받는다. 협상과정에서 멕시코측이 믿고 있던 것 중의 하나가 바로 미국이 오히려 식량 부분에 있어 멕시코의 농업생산에 크게 의존하고 있다는 점이었다. 양국이 무역뿐만 아니라 투자, 이민 문제 등 다양한 문제로 치열한 협상을 하고 있는 동안 어쩌면 농산물 다국적 회사만 배불리우는 결과가 될지도 모를 일이다.

8.
오아하카 커피의 위기

광대한 면적을 자랑하는 멕시코는 넓은 지역만큼이나 다양한 농산물이 생산된다. 물론 멕시코도 커피를 생산한다. 주로 남부의 원주민 거주자가 대부분인 오아하카Oaxaca 지방에서 재배된다.

그런데 최근에는 병충해 등으로 인해 커피재배 농가가 많은 어려움에 처해 있는 것 같다. 2016년 4월 8일자 멕시코 현지 매체인 멕시코 뉴데일리는 멕시코 의회가 최근 수년간 30% 이상 생산량이 하락한 커피산업을 구제하기 위해 다양한 법안을 통과시켰다고 발표했다. 전국적으로 50만 명이 넘는 멕시코의 커피 생산자들은 전 세계적인 기후변화의 영향과 작물질병(일명 커피녹병)으로 수확 실패가 연이어져 농지와 집을 잃어가고 있는 것으로 알려졌다.

오아하카 전통 커피

치아파스, 오아하카, 푸에블라, 베라크루스 지방의 커피 생산자 대표들은 기자회견을 통해 현재 커피산업이 직면하고 있는 위기에 대해 설명하였는데, 이들이 주장하는 피해의 주요 요인으로 커피농장의 노화와 작물질병을 꼽았다. 이미 4년여 전부터 커피작물에서 희귀하기도 하지만 매우 공격적이고 전염성이 강한 로야균과 커피잎의 녹 등이 발견되고 있었다. 로야균이 서식한 지가 이미 오래되었기 때문에 커피작물의 70%는 교체가 필요한 것으로 알려졌다.

커피 재배농가들의 2015~2016년간 커피 생산량은 2014년도 수확량의 절반에 불과한 300만 포대에 이를 것으로 추정하고 있다. 급격한 생산량 축소로 커피농가의 생존을 걱정해야 할 정도이다. 농산물 다양성을 자랑해왔던 멕시코로써는 특히나 농산물 생산에 주로 원주민들이 종사하고 있는 점을 감안할 때 농업 유지뿐만 아니라 원주민 생활의 보전과 유지라는 차원에서 이들을 지원하는 과감한 대책마련이 필요해 보인다.

9.
환상적인 멕시코 공예품, 알레브리헤

아스테카와 마야의 후예의 나라인 멕시코는 그야말로 토속적이고 친근한 수많은 공예품을 자랑한다. 보통 공예품은 오랜 시간 선조들의 땀과 향토색이 입혀진 생활 속의 물품이 대부분이지만, 멕시코에서는 현대에 들어서 새롭게 부각되어 자리 잡은 흥미로운 공예품이 있다.

바로 알레브리헤Alebrije라는 것인데, 스페인어로 '홍' 또는 '즐거움'이라는 alegría라는 말과 '마법사' 또는 '마녀'를 뜻하는 bruja와 붉게 칠한다라는 뜻의 embijar라는 말이 합쳐진 것으로 알려져 있다. 굳이 우리말로 번역하자면 홍겹게 붉게 칠한 마법의 물건 또는 너무 생생하고 홍미롭게 생긴 물건이라고나 할까? 알레브리헤는 종이나 카튼 박스를 이용한 수공예품으로 상상 속에서 나올 만한 기인한 동물이나 또는 다양한 동물과 형상들의 혼합된 모양으로 화려하게 색칠한 것이다. 크기도 아주 작은 사이즈부터 거대한 것까지 그야말로 다양하다. 멕시코에서는 연말파티나 생일파티 등에서 피냐타piñata라고 별처럼 원뿔이 박혀 있는 커다란 종이공 모양을 줄에 묶어 공중에 매달고, 눈을 가린 채 순서대로 돌아가면서 막대기로 쳐서 부서뜨리는데 안에 있는 각종 사탕, 초코렛 등이 쏟아지면 모두 환호하며 즐거워하는 풍습이 있다. 이 피냐타를 두터운 종이나 박스용지로 만드는데 이러한 제작기술이 알레브리헤를 만들어내는 데 응용되었다고 할 수 있다.

알레브리헤는 아주 오랜 옛날부터가 아니라 비교적 가까운 근래에 시작이 되었는데 1930년대부터이다. 페드로 리나레스Pedro Linares라는 평범한 사람이 바로 그 주인공인데, 이 사람이 알레브리헤의 창시자로 알려져 있다. 아마도 그리 특이한 삶을 산 사람은 아니었는데 몸이 쇠약하여 병마에 많이 시달렸다고 한다. 리나레스는 정신을 잃고 혼수상태에 빠진 적이 많았다고 한다. 그 혼미한 상태에서 봤던 환상적인 형상들을 주변에서 흔히 구할 수 있는 재료를 가지고 예술품으로 창조해낸 것이다.

이것이 오늘날 멕시코 사회의 빼놓을 수 없는 아이콘이 되었다. 공상과학 만화영화나 판타지에서나 나올 만한 기괴하고도 화려한 모습에 멕시코 국민들은 깊은 애착을 갖는다. 매년 전국적 규모의 알레브리헤 경연대회 입상작 전시회가 열리는데, 교통이 통제되는 일요일 오전 멕시코시티 중앙의 레포르마 거리에는 알레브리헤로 뒤덮인다. 많은 시민들이 거리로 나와 즐겁게 살펴보고 사진찍기에 여념이 없다. 사실 알레브리헤는 멕시코 내에서는 광범위하게 잘 알려져 있는데 비해, 최근까지 외국에는 잘 알려져 있지 못했다. 나 자신도 멕시코에 와서야 알레브리헤가 무엇인지를 처음 보고 알았다. 이를 알기 전에도 공예시장에 가면 조야한 괴물형상의 마스코트 물품들을 많이 봤었는데 당시에는 그게 특별한 의미가 있는지는 알지 못했다.

멕시코에서 처음 알레브리헤를 봤을 때의 느낌은 솔직히 기괴스러움 그 자체였다. 환각상태에서 보았을 이미지를 옮겨놓은 것뿐이라고 단정하기도 하였다. 하지만 얽힌 이야기들을 알고 보니 이제는 친숙한 존재가 되었다. 몇 년 전 개봉된 디즈니사의 <코코>라는 애니메이션 영화를 자세히 본 분이라면 영화 속에 알레브리헤가 등장해 주인공 코코의 저승세계로의 여행을 도와주는 역할을 하는 것을 눈치 챘을 것이다. 이승에서는 강아지인 단테와 함께 저승세계에서 주인공 미겔을 도와주는 커다란 짐승(이승에서는 고양이)이 바로 알레브리헤의 모습이다. 미겔의 단짝인 강아지 단테도 역시 이승과 저승을 연결해주는 익살스럽고 다정하며 친구 같은 인도자로서의 알레브리헤의 다른 모습이기도 하다. 미겔의 대사를 잘 들어보면 단테를 향해 "너 정말 영혼의 인도자구나!" 하는 말을 들을 수 있다.

야외에 전시되어 있는 알레브리헤

돌아가신 조상을 정성껏 기리고, 죽음을 친근하게 느끼며 망자의 날 밤에는 가족 무덤에 와 정성스레 제단을 만들고 밤새 파티를 즐기는 모습이라든가, 해골 모양의 얼굴 분장과 해골을 형상화한 물건들을 자연스럽게 사고파는 이들을 보면 멕시코 사람들에게는 알레브리헤가 삶과 죽음을 연결하는 고마운 동료가 되는 셈이다.

10.
멕시코의 음식 자랑

 당연한 얘기겠지만 멕시코 음식문화는 주로 아스테카 혹은 마야 원주민의 음식문화와 정복자 스페인의 음식문화의 혼합으로 탄생했다. 어떤 면에서는 스페인의 라틴아메리카 정복이 메스티소라는 새로운 인종을 탄생시킨 것처럼 음식문화에서도 혼합된 형태를 만들어낸 것이다. 하지만, 이러한 외부의 문화적 영향에도 불구하고 오늘날 스페인의 대표적인 음식인 파에야나 가스파초, 해산물 요리 등을 생각해보면 타코로 대표되는 멕시코 음식은 많이 다르게 느껴지기도 한다. 어떤 면에서는 스페인의 영향이 적었다고 하기보다는 멕시코의 토속적인 음식문화가 잘 살아남아 좀 더 멕시코적인 음식문화를 갖게 되었다고 말하는 게 옳을 것 같다.

 예로부터 멕시코 사람들의 주식은 옥수수였다. 옥수수를 수확해서 간 다음 반죽을 만들어 동그랗게 얇게 펼쳐진 것을 안쪽으로 살짝 속이 패인 뜨거운 철판 위에 구워내는데 이것이 우리의 전병과 같은 모습의 토르티야Tortilla이다. 여러 가지 다양한 재료를 싸먹을 수 있는 기본 재료이다. 다른 다양한 요리도 많이 있지만, 멕시코의 상징적인 요리인 타코는 이 토르티야 위에 각종 재료의 요리를 넣고 싸먹는 것이라고 할 수 있다. 요즘은 타코를 모두 잘 알고 있지만, 혹시 아직 보지 못한 분이 있다면 조금 다르긴 해도 우리의 만두를 생각하면 좋을 것 같다. 토르티야가 바로 만두피에 해당하고 그 안에 넣는 재료에 따라 고기만두, 야채만두 하듯이 다양한 종류의 타코와 요리방식에 따라 다른 이름의 음식으로 지칭된다.

대사관 인근에 있던 허름한 타코 식당을 가끔 가곤 했는데 그곳에 가면 닭 국물에 약간의 쌀이 들어간 소파(콘소메)와 소고기, 돼지고기 또는 내장 등이 들어간 타코를 2개 정도 시켜 먹으면 한 끼로 든든하다. 고급스런 분위기의 타코 식당도 많이 있지만 왠지 타코는 현지인들처럼 좀 허름한 곳에서 먹는 게 제 맛이라고 할 수 있다. 하지만 주의해야 할 것은 시내 곳곳에 우리 포장마차와 같은 간이식당들이 많이 있는데 이곳에서 먹으면 쉽게 장염에 걸릴 가능성이 크므로 조심하는 게 좋다.

토르티야, 각종 속 재료, 살사

유명한 멕시코 음식을 꼽자면, 우선 케사디야는 동그란 토르티야에 치즈와 여러 재료를 넣고 반으로 접어 튀긴 것이다. 그리고 콩과 고기를 잘 버무려 양념한 '부리토', 큰 고추 안에 치즈를 넣고 계란물을 입혀서 튀긴 '칠레 레예노', 역시 큰 고추 안에 다진 고기와 견과류, 건포도 등을 넣고 튀긴 다음 크림소스와 석류알로 장식하는 '칠레스 엔 노가다', 구운 쇠고기나 닭고기를 볶은 양파 등과 함께 토르티야에 싸먹는 '화이타', 돼지기름으로 튀겨 토마토소스로 졸인 '칠라킬레스', 토르티야를 한 장 바싹 튀겨서 위에 닭고기와 야채를 얹어서 먹는 오픈 샌드위치식의 '토스타다' 등이 있다.

그 외에 멕시코 사람들이 즐겨먹는 '치차론Chicharon'이 있는데 이는 돼지껍데기를 튀긴 것이다. 인상에 남은 것 중의 하나는 약간 두터운 선인장 잎을 얇고 길게 잘라서 볶은 다음 타코에 넣어 먹는데 이 선인장 잎을 '노빨Nopal'이라고 한다. 노빨 주스도 있는데 선인장의 매우 짙은 녹색이 매우 인상적이다. 고추와 견과류를 빻아서 고기를 넣고 걸쭉하게 끓인 '몰레'는 지방마다 다른 버전이 있다. 한국의 김치처럼, 멕시코에서도 몰레를 만들 줄 알면 시집가도 된다는 말이 있다고 한다. 빻은 옥수수 가루에 말린 자두, 닭고기 등 지방에 따라 다양한 재료를 함께 넣고 바나나 잎사귀에 싸서 찐 음식 '타말Tamal'도 빠질 수 없는 멕시코의 전통음식이다.

이 음식들을 돋보이게 해주는 소스 역시 발달한 곳이 멕시코이다. 스페인어로는 살사라고 한다. '살사 메히카나'는 양파, 토마토, 고추를 주재료로 해서 '실란트로'라고 불리는 '고수'를 살짝 넣어 먹는데, 멕시코 국기의 3가지 녹색, 흰색, 빨강색을 모두 갖고 있어 멕시칸 소스라고 이름이 붙여졌다. 푸른 토마토와 푸른 고추를 갈아 만든 '살사 베르데', 붉은 재료를 쓰는 '살사 로하', 그리고 '할라페뇨'는 음식에 곁들여 느끼한 맛을 없애는 데 좋다. 할라페뇨가 일반적으로 멕시코의 매운 고추를 대표한다고 말할 수 있는데, 이것만 있는 것은 아니다. 이보다 훨씬 더 매운 고추로는 '아바네로Habanero'라는 것이 있다. 동글동글 뭉뚝하게 생겼는데 정말 무진장 맵다. 아바네로에 관한 재미있는 얘기가 있다. 일본 사람들이 이 아바네로를 수입하는데 특이한 것은 식용이 아니라 산업용으로 수입한다는 것이다. 산업용으로 수입하는 이유는 케이블 보호에 있다. 쥐들이 컴퓨터나 산업용 전선을 갉아먹어 입히는 큰 피해를 방지하기 위해 케이블 피복을 만들 때 하바네로 성분을 넣어 만들면 아주 강한 매운 맛 때문에 이렇게 만든 전선 피복에는 쥐들이 얼씬도 하지 않는다고 한다.

멕시코가 워낙 큰 나라여서 지금 소개한 음식 말고도 지방마다 그 지역을 대표하는 음식들이 많이 있다. 멕시코의 음식은 옥수수로 만든 토르티야와 여러 가지 재료를 함께하는 타코를 대표적인 음식이라고 하지만 정말 다양한 음식이 풍성하게 존재하는 나라라고 할 수 있다.

11.
독립의 외침

멕시코, 정확히는 아스테카 제국은 스페인의 정복자 에르난 코르테스에게 정복된 1521년부터 약 300년간 스페인의 식민지, 즉, 누에바 에스파냐 부왕령 체제 하에 지배를 받는다. 중남미 대부분의 국가들이 1810년 전후로 독립을 하게 되는데, 이는 이미 18세기부터 쇠퇴해온 스페인 본토의 통제력 약화와 특히나, 나폴레옹 전쟁에서 스페인이 프랑스의 지배 하에 떨어지면서 더욱 통제권이 약해진 틈을 타 중남미에서 차별받던 현지 태생 백인인 크리오요Criollo들이 독립운동을 주도한 결과다.

멕시코의 경우에는 여러 독립 움직임 가운데 미겔 이달고Miguel Hidalgo 신부의 투쟁이 도화선이 되었다. 1810년 9월 16일 아침 이달고 신부는 과나후아토Guanajuato에 있는 돌로레스 성당 종을 타종하면서 스페인 정부에 항거하고 독립을 외쳤다. 멕시코의 최종 독립은 1821년에 달성되지만, 멕시코 사람들은 이달고 신부님이 독립을 외친 해인 1810년을 독립의 해로 삼고 기념하고 있다.

이달고 신부님의 독립의 외침을 재현하는 행사는 지금도 매년 대통령궁을 비롯한 전국에서 엄숙한 의식 하에 진행되고 있다. 멕시코시티의 경우에는 대통령궁 정면중앙 위에 독립의 종이 설치되어 있고, 그 아래 발코니가 있다. 매년 9월 15일 저녁이 되면 밤 11시경 독립외침 행사가 거행된다. 대통령이 종을 치고, 국기를 흔들고 난 후 조국의 독립과 자유, 독립의 영웅들을 부르고, 힘찬 목소리로 멕시코 만세를 세 번 외친다.

이런 엄숙한 행사를 통해 멕시코 사람들은 독립의 의미와 애국심을 되새긴다. 이러한 행사는 지방에 있는 주정부는 물론, 해외에 있는 대사관에서도 실시한다. 서울에 있는 주한 멕시코 대사관이 개최한 독립기념일 기념 국경일 리셉션에 참석한 적이 있는데 행사 직후 주한 대사는 멕시코 교민들과 함께 독립외침 행사인 El Grito를 따로 실시하는 것을 본 적이 있다. 삼일절 행사 때 우리의 만세삼창과 비슷하다고 생각하면 될 것이다. 독립기념일 행사는 독립의 외침 행사가 있은 다음날인 9월 16일 오전에 개최되는데 군 퍼레이드로 마무리를 한다. 외교사절과 귀빈, 많은 시민들이 참석한 가운데 군 행렬을 지켜보며 독립의 의미를 되새긴다.

미겔 이달고 신부(앞줄 오른쪽 햇불을 든 인물)

12.
멕시코 올림픽 선수촌 이야기

　　멕시코는 우리의 88 하계올림픽보다 20년 먼저인 1968년에 올림픽을 개최하였다. 우리도 올림픽 당시 선수들의 숙소로 사용하기 위해 송파의 올림픽 선수촌 아파트 단지를 만든 것처럼 멕시코 역시 올림픽 선수촌 아파트를 지었었다.

　　2016년 8월 6일자 일간지 엘 우니베르살El Universal 신문의 과거로의 여행기사를 보면 선수촌을 둘러싸고 재미있는 일들도 많았다고 전한다. 바로 전번 올림픽이었던 1964년 도쿄올림픽에서 체코슬로바키아의 체조선수 베라 카스라프스카와 육상선수 조제프 올도질은 만약 차기 멕시코올림픽에서 금메달을 따거나 결승에 진출하면 마리아치가 함께하는 결혼식을 멕시코에서 올리겠다고 발표했다. 결국 이 결혼식이 멕시코올림픽 폐막 하루 전 멕시코시티 성당에서 거행되었는데 믿기지 않게 수많은 사람들이 몰린 가운데 축하를 받았다고 한다. 결혼식에서 신랑, 신부의 주소지가 새로 부여되었는데 각각 남녀별 선수촌 숙소지였던 코아파Coapa 선수촌, 올림픽 선수촌이 되었다고 한다. 선수촌에서 이들 신혼부부를 위한 리셉션 역시 선수들과 선수촌 관계자들이 참가한 가운데 성대히 개최되었다고 한다.

당시 멕시코올림픽 선수촌은 지금도 틀라텔롤코 지역 인근에 있는 삼문화 광장 건너편에 여전히 건재하다. 당초 총 9헥타르(약 27,000평)의 부지 위에 29개동 904개의 아파트로 지어졌다. 총 5,044개의 방과 2,052개의 화장실을 갖추고 남녀별 숙소가 마련되었다. 선수촌 건설은 국립노동대중서비스은행Banobras이 시행하여 기부했고, 올림픽이 끝난 후 고급 아파트로 분양을 했는데 대략 20만 페소의 당시에도 다소 높은 가격에 팔렸다고 한다.

선수촌 건설 과정에서 3개의 아스테카 피라미드가 발견되었는데, 이것이 바로 삼문화 광장 인근에 있는 피라미드 유적이다. 문화재 전문가들은 당시 공사장에서 많은 유물이 발견되었을 것으로 보고 있으나, 보고되지 않고 역사 속으로 사라져간 것을 아쉬워하고 있다.

당시를 기억하는 사람들은 선수촌 주변이 밭으로 둘러싸여 있었고, 악취를 풍기는 제지공장 외에는 아무것도 없던 시절이었다고 한다. 또한 당시 대표단의 일원으로 올림픽에 참가한 선수들은 선수촌 밖의 혼란했던 학생 시위와 무자비했던 1968년 틀랄텔롤코의 학살을 동시에 기억하지만 선수로서 책임감을 다해야만 했던 당시의 어쩔 수 없는 상황을 아쉬움과 함께 회고하기도 한다. 지금 이 올림픽 선수촌 아파트를 가보면 벌써 50여 년 전에 지어진 건물이어서 많이 낡고 많은 차들로 주차공간이 부족해 보이는데 정확한 비교가 될지 모르겠으나 우리나라의 예전 시영아파트 모습이 떠오른다.

13.
멕시코의 세종문화회관, 예술궁전

멕시코시티의 중심 도로인 레포르마Reforma 대로를 따라 구시가지 중심 방향으로 가다보면 왼편에 공원이 나오고, 끝자락 부분에 크고 화려한 대리석 건물로 지어진 예술궁전Palacio de Bellas Artes이 나온다.

예술궁전는 1904년 당시 대통령이면서 독재자로 잘 알려진 포르피리오 디아즈Porfirio Diaz의 명령에 의해 독립 100주년을 기념하기 위해 건축이 의뢰되었다. 이탈리아의 건축가인 포아리가 아르누보와 아르데코 양식으로 설계하고 건축을 시작하였으나 지반이 가라앉는 문제며, 멕시코 혁명 발생, 포아리의 출국 등으로 지연되다가 결국 1934년에 가서야 완공되었다. 예술궁전 안에는 중앙 공연장 외에도 2개의 미술관이 있다. 대강당은 1,200명을 수용하는 규모로 세계 정상급 성악가와 오케스트라단, 발레단 등의 공연이 수없이 이루어져 왔다. 무대 커튼은 방염처리가 되어 있는데 그 무게만 24톤에 달한다고 한다.

예술궁전이 있던 자리가 호수가 있던 자리라 원래부터 지반이 약하기도 하고, 설계상 문제로도 건물이 가라앉은 문제가 지속되고 있다. 처음 설계했을 당시보다 무려 1.8미터나 가라앉았다고 하는데, 지금도 여전히 조금씩 가라앉고 있는 중이라고 한다. 다행히 한쪽으로 기울거나 하지 않는 모양인데 예술궁전을 찍은 사진들을 자세히 보면 도로면보다 낮게 내려가 있는 모습을 확인할 수 있다.

예술궁전은 1934년부터 각종 예술공연을 시민들에게 선사해 와서 클래식, 오페라 등의 격조 높은 공연들로 시민들을 위로해 주었다. 1990년 5월에 파격적인 공연이 이루어졌는데, 다름 아닌 클래식 공연에서 벗어나 최초로 국민가수로 추앙받던 후안 가브리엘Juan Gabriel의 공연이 열린 것이다. 한때 우리나라에서도 격조 높은 세종문화회관에서 대중가수의 공연은 상상도 할 수 없었던 때가 있었다. 이미자나 조용필 등 대중가수의 공연에 논란이 있기도 했다. 이런 면에서 양국의 예술극장의 공연범위 확장은 비슷한 면이 있다.

하지만 실제 대중가수 또는 예술인들의 공연은 그 이전에도 있긴 있었다고 한다. 1944년 페드로 인판테의 공연을 시작으로 후안 가브리엘의 1990년, 1997년, 2013년 공연이 있었고, 그 외에도 1997년 차벨라 바르가스의 공연, 2006년 미겔 아체베스 메히아의 장례식이 거행되기도 했다. 예술궁전이 여전히 멕시코 최고의 영예스런 공연장으로써 명성을 유지하고 있지만 이제는 더 이상 과거의 권위적인 명성에만 치중하지는 않는 것 같다. 실로 다양한 장르의 공연이 멕시코시티 사람들의 흥을 돋우고 있다.

멕시코 예술궁전

14.
화려한 나비 떼의 귀환

매년 11월에서 3월까지 멕시코에서는 다른 곳에서 보기 드문 희귀한 광경이 연출된다. 이 기간 동안 북아메리카의 광범위한 지역에서 사는 모나르카(군주) 왕나비Monarch Butterfly, Mariposa monarca들이 겨울을 나기 위해 멀리 캐나다로부터 멕시코시티 서북쪽 2시간 거리에 위치한 미초아칸 주에 위치한 모렐리아Morelia 지역으로 몰려들어 겨울을 나고 다시 북상한다.

멀게는 최소한 4,800킬로미터를 날아 멕시코에까지 오게 되는데 모나르카 왕나비는 곤충 가운데 이렇게 장거리 이동을 하는 유일한 곤충으로 알려져 있다. 나비들이 이렇게 먼 거리를 어떻게 정확히 찾아오는지도 미스테리가 아닐 수 없다.

모나르카 왕나비

미국 워싱턴대의 엘리자베스 쉬저만 교수는 왕나비들이 미리 설정된 최적의 방법으로 그들의 여정을 마무리하는데, 나비의 더듬이와 눈에 있는 기억인식 세포로부터 직접 기록하는 방법을 알아낸다고 발표했다. 나비가 시간적인 개념을 인식하는 뉴런(시계뉴런)과 태양의 위치를 통해 방향을 인식하는 뉴런(방위각 뉴런)을 가지고 장거리 비행을 한다고 한다.

나비들이 그런 나름의 체계적인 방법을 통해 장거리를 이용해 오는 것도 신기하지만, 이 엄청난 나비 떼를 바라보는 것은 가히 절경이 아니라 할 수 없다. 이 기간 중 모렐리아 지역을 가보면 나비들이 나무에 주렁주렁 매달려 있어 온통 나비로 뒤덮인 나무들을 볼 수 있다. 유네스코는 2008년 멕시코 모렐리아의 56,259헥타르 면적의 생물권을 포함해서 핵심면적 1,335헥타르, 완충면적 4,250헥타르에 이르는 광대한 지역을 세계자연유산으로 지정했고, 현지 주민들은 나비가 모이는 지역을 가리켜 거룩한 성지라는 별명을 붙여주었다. 이런 나비들의 동면을 위한 일시적인 이동은 매해 늘어나고 있다. 멕시코 환경보호청은 2014년 분포면적 기준 2헥타르였던 나비분포 지역이 2015년 4헥타르로, 2016년에는 6헥타르로 늘어날 전망이라고 밝혔다.

멀리 북동쪽에 위치한 몬테레이 지방에 있는 대학을 방문했을 때 그곳의 교수님이 매년 나비 떼들이 몬테레이를 거쳐 오가는 모습이 매우 인상적이라고 자랑스럽게 이야기하던 것을 들은 기억이 있는데, 정말 화려한 무늬의 나비 떼가 줄지어 날아가는 것을 본다면 경이롭고 신기할 것 같다. 한 가지 아쉬운 점은 멕시코에 있는 동안 모렐리아 지방을 찾아가 보지 못했던 점이다. 해마다 나비 떼가 출몰하는 시기에 이를 보러 많은 사람들이 모렐리아 지역을 방문하곤 하는데, 멕시코시티에서 가는 길이 그리 좋은 편이 아니라고 하며, 또 가끔 가는 길에 위험한 강도사건이 발생한다는 얘기를 들었는데 방문하게 된다면 조심할 필요가 있다.

15.
성탄절 꽃 이름, 크리스마스이브

멕시코에서 크리스마스 시즌에 쉽게 볼 수 있는 독특한 꽃이 있다. 멕시코에서는 'Flor de Nochebuena'라고 하는데 우리말로는 '크리스마스이브 꽃'이다. 혹은 현지말로 카타리나Catarina라고도 한다.

멕시코와 중미 국가가 원산지인 이 꽃의 학명은 유포비아 풀체리마Euphorbia Pulcherrima인데 라틴어로 '가장 아름다운'이라는 뜻이라고 한다. 미국, 유럽, 한국 등에서는 이 꽃을 '포인세티아'라고 부르는데 그 기원을 찾아보니 1820년대 후반 초대 주멕시코 미국 공사이자 원예에 조예가 깊은 조엘 로버츠 포인세트Joel Roberts Poinsett가 멕시코시티 남쪽 지역에서 이 꽃을 보고 미국으로 보내 몇 년 후 미국 내에서도 매우 유명해졌는데, 그를 기려 붙인 이름이라고 한다.

크리스마스이브 꽃

아스테카 제국의 원주민인 메쉬카족들은 붉은색의 이 꽃을 죽은 전사들의 순수함과 부활을 의미하는 것으로 여겨 각종 의식에 사용했고, 실생활에서 염색제로도 사용했다고 한다. 재미있는 것은 아스테카 제국의 언어인 나우아틀어로 이 꽃을 '쿠에틀라소치틀Cuetlaxochitl'이라고 하는데 기대와 달리 오히려 '시드는 꽃' 또는 '가죽 꽃'이라는 뜻을 갖고 있다고 한다. 아스테카 제국 시절에는 그다지 아름답고 예쁜 꽃이 아니었던 것 같다.

크리스마스이브 꽃은 멕시코 내에서는 특히, 미초아칸 주에서 많이 재배되는데 주로 비닐하우스에서 재배된다. 크리스마스 시즌에 상품으로 팔리기 위해서는 적절한 붉은색의 꽃잎으로 성장하도록 재배하는 것이 중요한데 이를 위해서는 보통 3~4개월 동안 24시간 사람의 손길이 필요하다. 잎이 큰 품종의 경우 10개월 가량 시간이 소요되기도 한다. 보통 11월 말에서 크리스마스이브까지 본격적으로 출하된다. 11월 하순이 되면 멕시코시티에서는 어디서든지 흔히 이 꽃을 볼 수 있다. 상점이나 백화점 등에도 쉽게 찾아볼 수 있다. 멕시코시티의 중심 도로인 레포르마 대로는 가운데 널찍한 중앙분리대가 있는데 피라미드를 형상화한 모습의 조형물이 있다. 이 시즌에는 그 중간 중간이나 빈 화단에 크리스마스이브 꽃으로 가득히 장식된다. 크리스마스 무렵 'Nochebuena'가 예쁘게 단장된 레포르마 대로를 따라가다 보면 멕시코시티에 눈은 거의 오지 않지만 양옆의 차풀테펙 공원과 국립인류학박물관이 줄지어 있어 고대 문명, 아스테카 제국, 식민 시대의 시간을 뛰어넘어 아늑한 성탄절을 맞이하게 해주는 느낌이 든다.

16.
멕시코시티의 강남, 폴랑코(Polanco)

폴랑코는 우리의 강남과 같은 곳이다. 서울보다 훨씬 큰 멕시코시티의 노른자이자 패션과 고급상점, 호텔, 대사관, 유명 맛집, 쇼핑몰, 고급차 딜러, 다국적 기업 사무실, 박물관 등이 모여 있는 대표적인 장소이다.

우리 식으로 하면 폴랑코는 멕시코시티 내에 미겔 이달고Miguel Hidalgo 구가 있고, 그 안에 있는 몇 개의 동Colonia을 합한 개념이라고 할 수 있다. 흔히들 멕시코시티의 비벌리 힐스라고도 불린다. 멕시코시티 내에서 고급 아파트 가격이 가장 비싼 곳이기도 한데 차풀테펙 공원을 바라보는 루벤 다리오Ruben Dario 거리나 인근의 캄포 엘리세오(샹젤리제) 거리의 아파트들은 무려 1,500만 달러를 호가한다고 한다.

폴랑코에 있는 대표적인 거리 이름 중의 하나가 마사릭 대통령

거리인데, 그게 누군가 하고 찾아봤더니 멕시코가 아닌 과거 체코슬로바키아의 대통령이라고 해서 고개를 갸우뚱하게 했다. 혹시 멕시코와 관련이 많은 대통령인가 하고 멕시코 사람들에게 물어보니 그게 아니라 폴랑코 주변의 거리 이름들은 모두 작가, 과학자, 철학자 등 국내외 유명 문화계 인사들의 이름을 따왔기 때문이라고 한다.

그러고 보니 주변의 거리 이름이 아이작 뉴튼, 이솝, 몰리에르, 세네카, 아리스토텔레스 등등 우리가 흔히 아는 이름의 거리들이 많다. 다른 유럽이나 미주 국가의 도로명식 주소의 좋은 예라고 할 수 있는데, 반면, 오랜 동안 준비해서 몇 년 전 시행된 우리의 도로명 주소 방식을 생각해보면 멕시코에서와 같이 길 이름과 번지수만 알면 쉽게 찾는 것과 달리 도대체 어떤 방식으로 정한 것인지 좀 답답한 마음이다. 서울의 도로명 주소는 예컨대 압구정로 몇 길이라고 표시되는데 거리 이름도 연관성 없는 경우가 많아 생소하기도 하지만 길에 붙이는 숫자도 많아서 주소만 가지고는 도무지 어디쯤인지 알 수가 없는 경우가 많다. 서울보다 훨씬 커서 거리도 많은 멕시코는 멕시코의 고유 명칭부터 시작해서 역사상 인물, 유명인물, 사물명칭, 심지어 외국의 유명인 이름까지도 가져다 써서 중복이 거의 없다. 덕분에 어느 지역, 거리 이름과 번지수만 알면 쉽게 찾아갈 수 있다.

폴랑코라는 이름이 다소 생소해서 위키피디아를 찾아봤더니 폴랑코 지구의 중심이라고 할 수 있는 캄포 엘리세오Campo Eliseo 거리를 지나던 옛 강 이름에서 유래했다고 하며, 폴랑코 강은 예수회를 창시한 이그나시오 로욜라의 서기였던 후안 알폰소 데 폴랑코Juan Alfonso de Polanco 이름에서 기원했다고 한다. 이 지역은 스페인의 카를로스 5세가 정복자 에르난 코르테스에게 하사한 땅이었다고 하는데 이후 누에를 키우기 위한 뽕나무를 재배하는 장원이 있었다고 한다. 이곳에 있던 장원 이름이 'La Hacienda de San Juan de los Morales'라고 하는데 Morales가 스페인말로 뽕나무라는 뜻도 있다.

폴랑코는 1937년부터 개발이 시작되었다. 60년대에 첫 번째 쇼핑센터가 들어섰고, 70년대에는 아파트들이 들어서기 시작했다. 그러나 폴랑코가 본격적인 고급 지구로 명성을 얻은 것은 1985년 멕시코시티를 뒤흔든 유례없는 지진의 여파였다. 시내 중심의 많은 허다한 건물들이 무너지고 무려 최대 4만 5천 명이 사망한 것으로 알려진 강진이었다. 이 지진 이후 시내 중심의 쏘나 로사에 위치해 있던 많은 기업, 대사관 등이 폴랑코로 이전하면서 새로운 개발붐이 불었다.

지금은 폴랑코 말고도 시내 곳곳에 많은 고층 건물이 다수 올라가 있고, 외곽의 산타 페Santa Fe와 같이 신개발 지구가 있기도 하다. 얼마 전까지만 해도 거의 유일하게 고층 건물이 많이 몰려 있고, 동시에 유명 정치인, 연예인들이 많이 사는 고급 주택가였던 폴랑코는 고도 제한과 다수의 건물들이 역사유적으로 지정되어 있어 더 이상 증축이나 새로운 건물로 탈바꿈하는 가능성이 막혀 있어 이곳 주민들의 근심을 더해주고 있다.

폴랑코 안타라 쇼핑몰

17.
디즈니 영화 〈코코〉, 망자의 날

앞에서도 잠시 언급했지만, 몇 해 전 디즈니사에서 만든 〈코코〉라는 애니메이션 영화가 있다. 한국에서도 개봉되어 많은 인기를 누렸고, 특히, 주제곡은 여러 가수들이 번역해 불렀을 정도로 많은 관심을 받았다.

이 영화는 멕시코 사람들의 삶의 면면을 부수적이 아니라 메인 주제로 풀어나가는 수작으로 평가받을 만하다. 멕시코에서 구두를 만드는 일을 가업으로 하는 집안 출신의 한 소년인 미겔이 망자의 날Días de los Muertos에 겪는 일을 통해 고조할아버지가 갖고 있던 가족 사랑의 진심을 밝히고, 음악과 함께 가족들 간의 진실한 사랑의 의미를 되찾는다는 훈훈한 이야기이다.

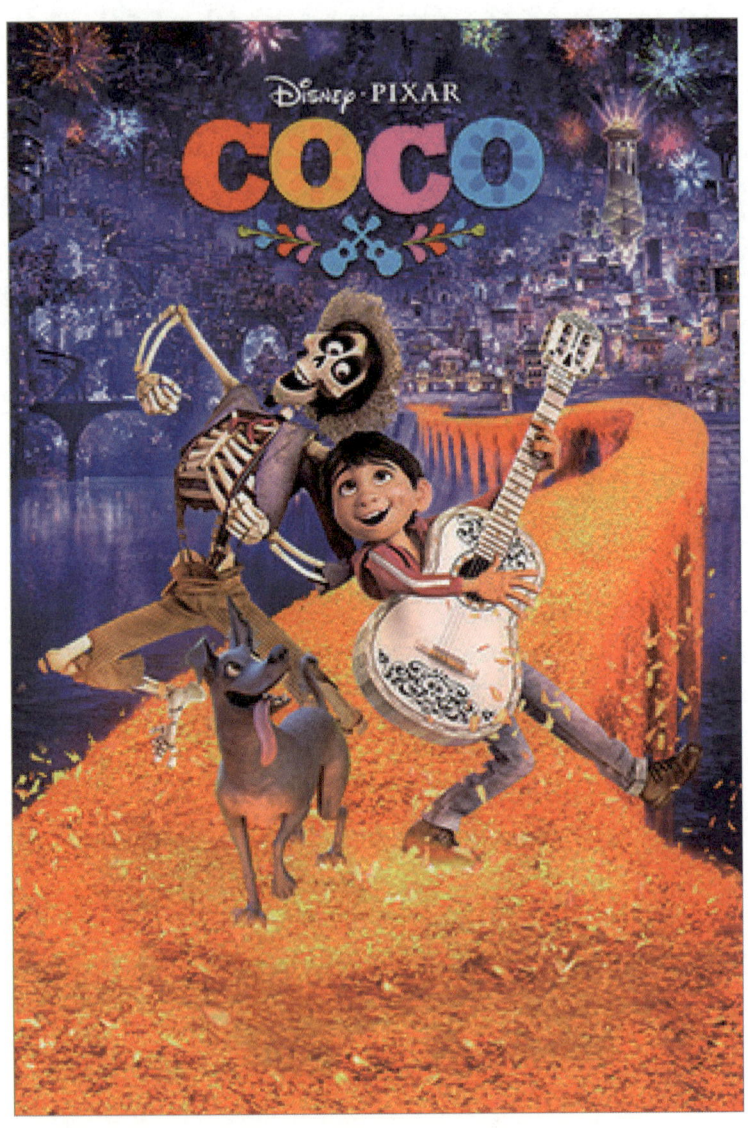

디즈니사의 애니메이션 영화 <코코>

망자들은 죽은 후에 이승에 살아있는 사람들이 자신들을 기억해줘야만 1년에 한 번뿐인 망자의 날에 이승으로 건너와 자신의 가족이나 후손들의 모습을 볼 수 있다. 그렇지 않고 이승에 남아있는 사람들 가운데 아무도 자신을 기억해주는 사람이 없으면 이승을 찾아올 수도 없을 뿐만 아니라 결국에는 망자들이 완전히 사라져버린다는 쓸쓸한 이야기가 흥미롭다.

"이건 그냥 사진이 아니야! 가족이야! 기억해야 해!"

영화에 나오는 대사의 한 부분인데, 이 부분이 바로 멕시코 사람들의 죽음에 대한 생각을 정확히 반영하는 대목이라고 생각된다. 이런 바탕적인 사고를 이해한다면 조상들의 무덤에 찾아가 파티를 벌이는 다소 생소했던 망자의 날 풍습이 많이 이해된다.

이 영화에는 외국 사람들이 잘 알지 못했던 망자의 날 풍습과 멕시코 사람들의 대가족주의, 가족 간의 사랑 등이 잘 묻어나 있다. 멕시코에 관심이 있는 사람이라면 한 번쯤 꼭 볼 것을 권한다. 멕시코 사람들의 정신세계를 이해하는 데 많은 도움이 되는 영화이다.

이 영화를 보고 나면 감동과 함께 멕시코 사람들에 대한 한층 더 깊은 이해와 훈훈함으로 주제곡이 계속해서 머릿속에 맴돌게 된다.

♪ 기억해줘
지금 떠나가지만
기억해줘
제발 혼자 울지 마
몸은 저 멀리 있어도
내 맘은 네 곁에
매일 밤 네게 노래해줄게
기억해줘
내가 어디에 있든
슬픈 기타소리 따라
우린 언제 함께한다는 걸
널 다시 안을 때까지
기억해줘 널 다시 안을 때까지 기억해줘
오늘 꼭 이 음을 들어봐 ♬

18.
비운의 프리다 칼로

멕시코를 상징하는 문화적 아이콘이라고 한다면 고전적으로 아스테카 제국을 들겠지만, 현대 멕시코 문화를 대표하는 상징 중의 하나는 뭐니 뭐니 해도 프리다 칼로Frida Kahlo일 것이다.

프리다 칼로의 풀네임은 막달레나 카르멘 프리다 칼로 칼데론 Magdalena Carmen Frida Kahlo Calderon이다. 그녀는 1907년에 태어나 1954년 47세의 나이로 그리 길지 않은 삶을 살고 떠났다. 그녀는 멕시코의 정체성을 추구하면서도 초현실주의 화가로 분류가 되는데 생전에 약 200여 점의 작품을 남겼다. 많은 사람들이 잘 알고 있듯이 그녀의 자화상은 매우 강렬한 인상을 남겼다. 그녀의 인생이 비극적인 것으로 기록되는 것은 그녀의 건강치 못했던 몸 상태와 불운한 결혼생활에 기인한다. 프리다 칼로는 1907년 멕시코시티 코요아칸에서 사진작가였던 독일-헝가리계 아버지와 멕시코인 어머니 사이에서 셋째 딸로 태어났다. 칼로는 어린 시절 소아마비를 앓았을 뿐만 아니라 큰 교통사고를 겪었는데, 당시 병상에서 취미로 그림을 그리던 소녀는 훗날 20세기를 대표하는 여류화가가 되었다.

교통사고의 후유증은 평생 프리다 칼로를 괴롭혔다. 그녀의 그림은 주로 육체적 고통에서 오는 내면의 고통을 다루곤 했는데, 후대의 평론가들은 그녀의 그림을 초현실주의적, 포스트 모더니즘적이라 평하기도 하나 정작 본인은 자신의 예술 특징에 대해 언급한 적은 없다. 1960년대 페미니즘 운동이 본격화되면서 프리다 칼로의 극적인 인생과 결부하여 20세기 페미니즘의 상징으로 등장하였다.

그녀의 이름이 특별히 유명한 이유는 그녀의 순탄치 않은 인생과 남편이었던 디에고 리베라와의 관계 때문이기도 하다. 그녀의 삶은 자연스럽게 수차례 영화화가 되었는데, 2003년에는 멕시코 출신 여배우 셀마 헤이엑이 프리다 칼로로 분한 할리우드 영화 <프리다>가 개봉되기도 했다.

그녀는 지금도 멕시코에서 가장 사랑 받는 화가 중의 한 명이며, 전 세계인들에게 멕시코의 아이콘으로 인식되고 있다. 우리나라에서도 2015년 6월부터 9월까지 프리다 칼로와 디에고 리베라 전시회가 개최되어 많은 관심과 사랑을 받았다. 멕시코 500

페소 지폐에는 남편 디에고 리베라와 함께 상징인물로 그려져 있다.

프리다 칼로와 디에고 리베라가 26년간 함께 살았다는 '파란 집 Casa Azul'은 당대의 대표적인 두 예술가의 결합의 흔적이다. 프리다는 열일곱 살에 교통사고로 등뼈, 골반, 한쪽 발이 으깨지는 참상을 겪었음에도 불구하고 결코 자신의 삶에 대한 저항을 멈추지 않았다. 그녀는 마침내 1939년 파리에서 열린 멕시코전에서 당대의 거장 파블로 피카소 등의 찬사를 받으며 초현실주의 작가로서의 두각을 드러냈다.

그러나 낙태와 세 번의 유산으로 인한 영구적 불임, 프리다의 친구와 동생과의 내연관계를 가졌던 남편 디에고의 자유분방한 생활, 그리고 심한 우울증조차 견디던 그녀는 자살시도도 하게 된다. 그녀는 다리 절단수술 이후 극심한 고통 속에 1954년 영면에 들었다. 최근 프리다 칼로에 대한 전 세계적인 높은 관심은 그녀를 멕시코의 아이콘으로의 위치로 더욱 높이고 있다.

프리다 칼로 박물관인 파란 집의 정원

19.
공학기술을 이용한 문화재 건물 이사

멕시코시티의 중심 거리라고 할 수 있는 레포르마 대로를 차풀테펙 공원 쪽에서 독립기념탑인 천사탑 쪽으로 가다보면 왼편에 높은 현대식 고층 건물과 그 바로 앞에 낮은 2층짜리 유서 깊게 보이는 옅은 분홍색 건물이 공존하는 모습을 볼 수 있다. 현대와 고전의 조화라고도 생각될 수도 있지만, 이것이 가능한 데는 역사적인 건물을 보존하기 위한 공학적 기술의 결과라고 할 수 있다.

현대식 건물은 바로 256미터 높이의 레포르마 타워Torre Reforma 인데 약 1억 불 정도의 예산의 투입되어 2008년부터 공사를 시작해서 2016년에 완공되었다. 건축 과정에서 문제 중의 하나는 레포르마 대로 방향으로 새로운 빌딩 바로 앞에 위치한 유적 건물 때문이었다. 이 건물은 분홍색 벽돌집La casa de cantera rosa이라고 하는데 비교적 현대인 1929년에 지어진 건물이긴 하나 멕시코 국립예술원에 의해 예술 유적으로 지정되어서 철거할 수 없는 건물이었다.

이에 따라 빌딩 시공사는 빌딩의 지하 기초공사시 굴착으로 유적 건물이 무너질 위험이 있으므로 이를 방지하기 위해 공학적 기술을 동원해 이 건물을 통째로 옆으로 옮겼다가 다시 원위치로 되돌려놓는 방식을 사용하기로 결정한다. 우선 유적 건물 주변을 파고 건물 밑에 레일을 설치하여 거치시키고 이를 수압펌프를 이용해 조금씩 이동시켜 18미터 옆으로 옮긴 후 고층 건물의 기반공사가 마무리된 다음인 2달 후 다시 원위치로 옮겨놓았다. 이러한 작업은 2010년 2월에서 4월까지 이루어졌다고 한다. 지금 완공된 이후의 모습을 보면 유서 깊은 비교적 작은 건물이 바로 뒤에 높다란 고층 건물에 의해 보호되고 있는 것처럼 보인다. 건물을 옮기는 과정은 유튜브에도 동영상으로 나와 있으니 궁금하신 분들은 한 번 찾아보시기 바란다.

그런데 문화유적이나 건물이 옮겨지거나 다시 위치를 잡은 것은 분홍색 벽돌집만은 아니다. 멕시코시티 시내에서 흔히 지나치면서 보는 것 중에도 여럿이 있다. Tolsa 광장에 있는 El Caballito 동상은 여러 차례 옮기다 오늘날의 위치에 자리를 잡았다. 또, 멕시코 상원 근처에 있는 쿠아우테목 황제 기념동상도 1949년에 한 번 옮겨졌다가 2004년에 원래의 자리 인근으로 돌아왔다. 사냥의 여신인 다이아나 상La Diana Cazadora, 녹색 인디언 Los Indios Verdes 동상 등도 마찬가지다. 일부 유적 중에는 훼손을 막기 위해 복제품으로 대체해놓은 경우도 있는데 La Fuente del Salto del Agua 분수대가 그러한 경우이다.

레포르마를 지나치다 자세히 관찰해보면 대로 주변에 많은 동상과 유적물들이 유독 많이 눈에 띈다. 가끔은 몇몇 유적이 훼손되는 보도들도 있긴 하지만 그래도 다른 나라에 비하면 풍성하고 비교적 잘 보존되고 있다고 생각이 든다. 레포르마를 가게 된다면 대로변 곳곳에 있는 작품들을 꼭 한 번 눈여겨볼 것을 권한다.

20.
멕시코 문학의 거인, 옥타비오 파스

멕시코를 비롯한 스페인어권 라틴아메리카의 문학은 다양하고 풍요롭다. 19세기 말 니카라과 출신 루벤 다리오Ruben Dario의 시는 모더니즘이라는 이름으로 전 세계를 풍미했고, 노벨문학상 수상자인 칠레 출신 파블로 네루다의 시집 〈스무 편의 사랑시와 한 편의 절망의 노래〉는 지금도 여전히 전 세계에서 사랑받고 있다. 특히, 20세기 후반 라틴아메리카의 소설들이 세계적인 인기를 얻으면서 멕시코 문학도 한국에 많이 알려졌다. 〈백 년간의 고독〉의 저자이자 노벨문학상 수상자인 콜롬비아의 가브리엘 가르시아 마르케스, 아르헨티나의 보르헤스, 페루의 바르가스 요사, 멕시코의 카를로스 푸엔테스 등이 라틴아메리카 문학의 위상을 드높이는 대표적인 작가들이다.

푸엔테스를 비롯하여 호세 에밀리오 파체코, 하이메 사비네스 등 멕시코 출신의 많은 대중적인 작가들 중에서도, 노벨문학상 수상자인 옥타비오 파스Octavio Paz는 특히, 한국에 많이 소개된 시인이다. 옥타비오 파스는 1990년 〈태양의 돌〉이라는 장편시와 시집으로 노벨문학상을 수상했다. 그는 오랫동안 외국생활을 했는데, 동서양을 넘나들며 쌓은 폭넓은 지식과 경험을 바탕으로 쓰여진 시학서 〈활과 리라〉는 유려한 문장이 특히 일품이다.

옥타비오 파스는 외교관이기도 했는데, 1968년 그가 주인도 대사로 재직하던 중 당시 멕시코 국내에서 일어난 민주화 시위에서 정부가 시민들을 향해 발포하여 유혈사태(틀랄텔롤코 학살)를 빚자, 정부에 대한 항의표시로 대사직을 사임했던 사건은 옥타비오 파스의 정의감과 사회참여 의식을 보여주는 단적인 예이다.

그러나 옥타비오 파스는 무엇보다도 에세이집 〈고독의 미로〉를 통해 멕시코인들에게 가장 깊이 기억되고 있다. 그는 이 작품을 통해 멕시코의 정체성에 대한 물음을 던지는데, 이 물음은 멕시코 사람들에게 정복 이전의 원주민 문화까지 다시 생각하게 만들었다. 스페인 사람들의 침략으로 '나'일 수 있는 근거를 잃어버린, 내가 아닌 다른 사람(정복자)의 언어로 말하고 생각하고 그들의 문화를 받아들여야 하는 원주민들, 식민통치가 길어지면서 '신대륙'에서 태어나게 된 크리오요들, 이 모두에게 '나는 누구인가'라는 질문을 던졌던 것이다.

옥타비오 파스의 생전 모습

21.
멕시코의 영원한 국민가수, 후안 가브리엘

2016년 8월 멕시코의 국민가수 후안 가브리엘Juan Gabriel이 타계하였다. 우리에게는 다소 생소하지만, 후안 가브리엘은 생전에 무려 600여 곡이나 작곡을 했다. 28개의 음반을 녹음했고, 세계 각국의 가수 2천 명 이상이 여러 언어로 그의 노래를 불렀으며, 중남미에서 멕시코 이외의 다른 나라 국민들에게 물어봐도 대부분 그를 안다고 답한다. 그의 음반은 전 세계적으로 무려 2억장 이상이 팔려 멕시코를 비롯한 중남미의 대표적인 가수라 할 수 있다.

후안 가브리엘은 1950년 1월 7일에 미초아칸 주의 파라쿠아로Paracuaro 지방에서 10남매 중 막내로 출생하였다. 아버지가 정신병원에 입원한 상태였기에 그의 어머니가 북쪽 국경도시인 씨우다드 후아레스Cuidad Juarez로 이주하게 된다. 후안 가브리엘은 어린 나이에 기숙학교에 들어가게 되었지만, 13살에 기숙학교를 나와 어려운 삶을 이어간다. 후안 가브리엘은 16세부터 밤무대에 서기 시작했고, 3차례 멕시코시티로 진출하여 가수의 길을 모색했으나, 아무도 그를 알아주지 않았다. 기껏해야 다른 가수들의 코러스 제안을 받는 등 시련을 겪지만, 결국 21살 되던 해에 RCA Victor사와 계약을 맺고 첫 번째 음반인 '노 뗑고 디네로No tengo dinero'를 발표하면서 일약 유명세를 얻고, 이후 그의 인기는 내려올 줄 몰랐다.

그의 본명은 알베르토 아길레라 발라데스Alberto Aguilera Valadez였는데, 첫 번째 앨범을 발표하고 나서부터 그는 후안 가브리엘이라는 예명을 쓰기 시작했다. 그의 예명 중 후안은 기숙학교 시절 그에게 양철공 일을 가르쳐준 선생님을, 가브리엘은 자신의 아버지를 기려 만든 것이라고 한다. 사람들은 그를 가리켜 애칭으로 이름을 축약한 후안가Juanga라고 부른다. 또 그가 어린 시절 대부분을 씨우다드 후아레스에서 보냈기 때문에 후아레스의 스타가수Divo de Juarez라고도 부른다. 그는 법적으로 결혼을 하지 않았지만 네 아들을 두고 있으며, 동성애자라는 소문도 있었다.

후안 가브리엘은 2016년 8월 28일 56세의 나이로 영원한 불멸의 국민가수로 멕시코 국민의 곁을 떠나갔다. 그의 사인은 심장마비로 알려져 있으며, 씨우다드 후아레스에 있는 자신의 집에 유골이 뿌려졌다. 그의 사망소식이 전해지자 멕시코 전국에서는 물론 중남미 많은 국가에서 대대적인 애도의 물결이 있었고, 멕시코의 페냐 니에토 당시 대통령을 비롯해 미국의 오바마 전 대통령도 고인의 타계를 아쉬워했다.

시상식장의 후안 가브리엘 모습

세계적으로 유명한 멕시코의 휴양지를 꼽으라고 하면 칸쿤, 아카풀코, 로스 카보스를 우선 꼽을 수 있을 것이다. 이외에도 고래 유영으로 유명한 푸에르타 바야르타 등 수많은 관광지가 넘친다. 우리나라에도 잘 알려진 칸쿤은 최근 몇 년간 신혼여행지로 잘 알려져 많은 한국인들이 찾는 곳이기도 하다. 칸쿤은 카리브 연안에 위치한 아주 고운 모래사장과 에메랄드빛 바다, 그리고 아주 고급스러운 호텔과 함께 인근에 산재한 마야의 유적과 기이한 지형을 이용한 지하동굴 등 쉴거리, 볼거리, 즐길거리 등등이 잘 완비되어 있는 훌륭한 곳이다.

제4장

많은 인구만큼이나
복잡 다양한 사회

1.
멀고 먼 치안 험로

우리가 보통 멕시코를 얘기할 때 찬란한 아스테카 문명이니 마야 문명, 마리아치, 타코, 프리다 칼로, 혹은 과거 한국에 방영된 드라마 '천사들의 합창' 등을 많이 떠올리게 된다. 분명 이들은 멕시코 사람들이 자랑스러워하는 유산이자 살아 숨 쉬는 전통들이다. 하지만 멕시코를 얘기할 때 빠지지 않고 등장하는 주제가 바로 불안한 치안 문제이다. 대부분의 사람들이 자세히는 몰라도 멕시코는 치안이 안 좋은 나라라는 인상을 갖고 있다. 실제 멕시코에 살면서 멕시코시티의 시내 중심지 등 비교적 안전한 지역도 있지만, 늘 언론매체에 나오는 살인사건, 권총강도, 마약 카르텔의 보복살인 등의 기사를 접하면 항상 마음 한편으로는 치안 불안을 걱정하지 않을 수 없다.

종종 여행 블로그에 보면 멕시코가 듣던 것보다 위험하지 않다고 하는 글들이 올라와 있는 것을 보게 되는데, 운이 좋은 경우라고 해야 할 것이다. 사고가 없다면 어디나 평온한 곳이라고 생각하기 쉽지만 객관적으로 치안사고가 많은 곳에서는 운에 기댈 것이 아니라 조심해서 나쁠 것이 없다. 하지만 너무 지나친 걱정은 하지 말되 항상 주의를 기울이는 게 사고를 예방하는 데 최선인 것 같다.

이런 위안에도 불구하고, 통계적으로 보면 멕시코의 치안 수준은 얼마나 험악한지를 쉽게 알 수 있다. 멕시코 언론이 추산한 바로는 지난 2006년 12월부터 2015년 11월 사이 9년간 약 18만 5천 명이 살해된 것으로 추산되었다. 페냐 니에토 전 정권이 들어선 2012년 12월부터 2015년 11월까지 약 3년간 6만 5,209명이 목숨을 잃는 등 한 해 평균 약 2만 2천 명이 피살되고 있다. 공식적으로도 2015년 살인율이 전년에 비해 6.3% 상승했으며, 더욱 우려스러운 점은 살인 용의자에 대한 기소율이 급격히 하락하고 있는 점이다. 2007년 기소율이 80%에서 2013년에는 20%까지 하락했다.

살인 말고 납치의 경우에도 상상을 초월한다. 오죽하면 납치왕국이라는 오명을 받을 정도이다. 엔리케 페냐 니에토 정권 출범 이후(2012년 12월~2016년 4월까지)에만도 보고된 납치 건수는 모두 7,556건으로 매달 184명, 매주 43명, 매일 6명꼴로 납치가 일어나고 있다. 우리 동포의 납치 사건도 수차례 발생한 적이 있고,

멕시코 경찰과 협조로 결국 무사히 풀려나기도 했지만 막대한 돈을 지불하고 풀려날 수 있었으나, 범인 검거는 현실과 거리가 먼 이야기일 뿐이다. 멕시코에 투자한 외국기업과 국내기업들을 상대로 조사한 설문조사에서 대멕시코 투자의 장애요인으로 부패문제와 함께 치안불안이 지적되고 있으며, 이들 문제 해결에 정부의 노력이 경주되어야 한다고 촉구되었다.

페냐 니에토 전 정부는 2014년 교대생 43명 실종살해 사건(이괄라 사건)을 계기로 지방 경찰력의 부실과 마약 카르텔에 의한 장악 등으로 존재감이 없다시피 한 지방 경찰들이 사실상 마약 카르텔 조직과 연계되어 있는 현실을 타파하기 위해 지방정부 권한이었던 지역 치안 권한을 연방에 넘겨 일원화함으로써 마약 카르텔의 개입을 타파하고 경찰력을 강화한다는 개혁정책을 추진하였으나, 각 주정부의 이권과 이해관계에 따른 반대의견으로 진전을 보지 못하고 결국 정권을 마감했다.

교대생 43명 살해실종 사건인 이괄라 사건이 2014년 발생한지 몇 년이 되도록 멕시코시티 중심 도로인 레포르마 대로변에 위치한 연방 대검찰청 청사 앞에는 실종된 학생들의 사진과 함께 장기 농성을 위한 천막이 쳐져 있으며, 자리를 지키고 있는 가족들은 계속해서 철저한 진상규명을 요구하고 있다.

2.
멕시코시티에는
마약 카르텔이 정말 없는 걸까?

2017년 7월 멕시코 해군은 멕시코시티 틀라우악Tlahuac 구(區)에서 Los Ojos(눈이라는 뜻)라는 별명을 가진 마약 카르텔 두목 Felipe de Jesus Perez Luna와 부하 7명을 체포과정에서 사살했다. 이들은 적어도 60건의 살인과 마약조직 운영, 고문 및 납치를 일삼은 조직이었다. 이 사건 직후 멕시코 언론 보도기사 제목들이 매우 특이했다. 그 제목은 '멕시코시티에 마약 카르텔 두목 및 조직원 등 8명 사살?'이었는데, 이는 지난 10년간 마약과의 전쟁을 벌여온 멕시코 정부가 적어도 멕시코시티에는 마약 카르텔이 존재하지 않는다고 자부해왔음에도 불구하고, 이 사건으로 멕시코시티 내에서도 버젓이 마약 카르텔이 활동하고 있다는 반증이 되는 셈이어서 정부의 자부심에 먹칠을 한 결과가 되기 때문이었다.

미겔 앙헬 만세라Miguel Angel Mancera 당시 멕시코시티 시장은 이

사건을 접하고는 Los Ojos 조직이 틀라우악 구 접경 이원의 광범위한 지역에서 활동하는 잔인한 조직이라고 하면서도 마약 카르텔이라고 부를 만한 조직을 갖추지는 못했다고 주장했다. 지난 10년간 마약과의 전쟁에도 불구하고 전국이 마약 카르텔에 의해 장악되고 있는 현실에서 멕시코시티 당국만은 마약 카르텔 조직이 발을 붙이지 못한 일종의 청정지역임을 자부해왔고, 이러한 주장이 무너졌다는 사실을 결코 인정하고 싶지 않았기 때문이었을 것이다.

하지만 현실은 이러한 믿음을 쉽게 무너뜨렸다. 두목이 사살되자마자 조직원으로 보이는 25명 정도의 택시기사들이 멕시코시티 도심 한복판 도로에서 차량과 버스에 불을 질러 도로를 봉쇄하는 소위 마약블록이라는 방식으로 경찰과의 대치상황을 조성했다. 마약블록은 멕시코 내에서 마약 카르텔이 실제 존재하는 다른 지방 주에서 종종 경찰들에 대항하는 전형적인 마약 카르텔의 반격 수법인데, 이로써 멕시코시티 내 마약 카르텔이 존재하지 않는다는 시정부의 주장이 한층 더 무색해지게 되었다.

한 NGO에 따르면, 멕시코시티와 접경인 멕시코 주에는 약 14개의 마약 카르텔이 활동하고 있으며, 주요 일간지 Reforma지에 따르면 검찰이 2017년 1월~7월까지 멕시코시티와 인근 지역에서 마약 카르텔이 관여한 것으로 보이는 330건의 살인사건과 관련해서 10개의 마약 카르텔을 대상으로 조사를 진행하고 있다고 밝혔다. 이를 증명하듯이 멕시코시티 내 범죄도 증가하고 있는데 살인율은 1997년 이래 최고치를 기록하고 있으며, 절도 등 다른 범죄들도 두 자릿수대로 증가하고 있다. 멕시코시티 주민들도 85%가 치안이 불안하다고 느끼고 있다고 여론조사에서 밝히고 있는 상황이다.

다행히 아직까지 관광업은 범죄로 인해 크게 영향을 받고 있지 않다. 멕시코시티는 매년 8~9백만 명이 방문한다. 이중 20%가 외국인 관광객이다. 미국신문 New York Times는 2016년 방문해야 할 여행지 1위로 멕시코시티를 꼽기도 했다. 관광이 멕시코시티 수입의 20%를 차지하고, 2016년에만 호텔업계는 1.4억 달러를 투자하기도 했다. 반면 비즈니스 업계는 치안 때문에 추가로 많은 비용을 부담한다. 추산되는 바로는 매년 보안 및 경계 등에 약 10억 달러의 추가비용이 발생하는 것으로 알려져 있고, 갈수록 점차 증가하고 있는 추세이다.

그나마 다행인 것은 위에서 보듯이 멕시코시티에도 마약 카르텔이 활동하고 있는 것은 사실이나 다른 지역에서와 같이 카르텔이 경찰을 쥐고 흔드는 일이 발생하기 어렵다는 점이다. 멕시코시티는 수도로써 다른 지방과 달리 비록 임금이 형편없고 훈련도 안 되고 부패되었다고 하지만 무려 9만 5천 명의 경찰력을 갖고 있어 어떠한 카르텔보다 강력한 대응력을 갖추고 있기 때문에 마약 카르텔이 대놓고 활동하기에는 어려운 것이 사실이다. 그럼에도 불구하고 비록 씨우다드 후아레스, 몬테레이, 아카풀코만큼이나 치안이 극도로 불안하지 않다 하더라도, 멕시코시티도 점점 더 폭력적이고 무법의 사회가 되어가고 있다. 살인율로 보자면 32개의 주 가운데 멕시코시티는 28위를 기록하고 있으며, 범죄 검거율은 1%에도 미치지 못하는 상황이다.

3.
멕시코에서 애국심이란?

　아스테카 시대를 넘어 근대 멕시코 국가의 상징은 과연 무엇일까? 아마도 도처 어느 곳에서도 볼 수 있는 멕시코 국기에 새겨져 있는 아스테카 제국의 건국신화를 형상화한 호숫가 선인장 위에 뱀을 물고 있는 독수리 문양과 다른 하나는 절대 다수의 국민들의 신앙적 안식처가 되는 과달루페 성모님을 꼽을 수 있을 것이다. 멕시코가 1810년 독립을 선언하고 현재에 이르기까지 210년이 다 되는 동안 연방주의자와 분권주의자 간의 갈등, 혁명과 군부의 정치참여 및 극단적인 정치적 대립으로 특징지어지는 굴곡진 사회상을 보여왔지만 역설적으로 언제나 애국심을 고취코자 하는 데에는 예외가 없었던 것 같다.

　대통령궁 주변과 시내 소칼로Zócalo 광장에 게양되어 있는 초대형 국기는 이를 바라보는 국민들에게 애국심을 불러일으키도록 위용을 보여주기 위해 만들어놓은 것 같다는 느낌을 준다. 특히,

소칼로 광장의 대형 국기는 강하를 위해 국기 끝편을 잡고 있던 군인이 갑자기 불어온 돌풍에 국기에 딸려 하늘로 솟구치는 장면을 TV에서 종종 보여주기도 한다. 마치 국가의 압도적인 권력을 연상시키면서 동시에 국가를 반드시 지켜야 한다는 일말의 희생정신을 불어넣어 주려는 것 같다.

그렇다면 정작 멕시코 국민들에게 애국심은 어떤 의미로 받아들여질까? 한 사람 한 사람 국민을 붙잡고 물어본 것은 아니지만 흔히 다른 나라에서도 볼 수 있는 것과 같이 권력 관계상 나타나는 지배 도구로써의 상징 정치의 차원은 차치하더라도 멕시코 사회의 특징은 미국과의 애증 관계와 사회적으로 큰 빈부격차라고 할 수 있는데, 역사적으로 미국에게 영토의 상당 부분을 빼앗기고, 미국의 패권적 지배권력에 굴복할 수밖에 없었기 때문에 일반적인 접경국가 간의 적대심보다 더 강한 애국심을 필요로 했고, 이러한 요소가 언제나 국민들에게 재생산되었다고 할 수 있다.

멕시코 시내 중심의 레포르마 거리를 가다보면 도심공원 내 과거 대통령 관저로 사용한 차풀테펙 성채가 있는데 그 절벽 아래 자락에 소년 영웅탑 6개가 웅장한 모습으로 서있다. 앞서 역사 챕터에서 보았듯이 1865년 미군은 멕시코 동쪽 베라크루스 Veracruz 항구를 통해 상륙한 후 정쟁으로 혼란한 와중에 독재권력을 휘두르고 있던 포르피리오 디아즈Porfirio Diaz 대통령 휘하의 군대를 쉽게 물리치고, 거의 저항이 없다시피 한 상태에서 수도 멕시코시티까지 입성할 수 있었다. 저항의 마지막이었던 이곳 차풀테펙 성에서 멕시코군을 제압함으로써 일방적인 승리를 거두었는데, 이 과정에서 6명의 소년 생도가 끝까지 싸우거나 절벽에서 떨어질 때까지 저항했는데 비록 패배는 했으나 이런 어린 영웅들의 국가수호 정신을 성대히 기리고 있다.

반면, 일반 시민들은 대부분 애국심에 대해 무관심한 것 같다. 극수소의 부유층을 제외하고 다수가 빈곤층인 사회에서 당장 먹고살 일이 급한 시민들에게 평상시 애국심을 들여다보기에는 사치스런 호기심으로 비춰질 것이기 때문이다. 다만, 최근에 전 국민이 애국심을 생각하는 계기가 마련되기도 했다. 바로 의외로 트럼프가 미국 대통령으로 당선된 일이다. 트럼프 대통령은 당선 전부터 미국 내 멕시코 사람들을 범죄자로 지칭하기도 하고, 북미자유무역협정NAFTA 파기 등등 이웃나라로써 싸우자고 밖에는 해석이 안 되는 언행을 일삼았고, 이에 따라 국민들은 미국을 일면 동경하면서도 미국의 부당한 언사와 대우에 함께 분노한다. 오랜만에 정부와 국민이 같은 마음이라고나 할까?

4.
멕시코판 세월호 사건, 교대생 43명 실종 사건

우리에게서 세월호 사건은 결코 잊을 수 없는 비극이다. 세월호를 둘러싼 격랑의 시간을 보낸 지도 이제는 짧지만은 않다. 꽃다운 희생자들과 그들의 부모와 형제자매는 물론, 살아남았다는 죄의식의 멍에를 않고 살아가야 하는 많은 학생, 선생님들을 생각하면 다시는 이런 비극이 일어나지 않도록 해야 한다는 다짐을 하게 된다. 세월호는 그렇게 우리 모두의 가슴속 한켠에 소금에 닿은 상처의 쓰라림처럼 영원히 남겨질 것이다.

멕시코에도 이와 유사한 사건이 있었다. 물론 안전사고도 아니고 선체를 인양하면서까지 침몰원인을 찾으려 했던 노력과는 많이 다르긴 하지만, 그 충격과 파장, 그리고 사회적 의미는 유사하다 할 수 있다. 사건은 2014년 9월 26일 발생했다. 멕시코에서 가장 가난한 지방의 하나인 게레로州 아요시나파Ayozinapa市에 소재한 사범대학 소속 학생들 중 43명이 교대에 대한 지원을 늘려

줄 것을 요구하는 시위를 하기 위해 주도(州都)인 이괄라Iguala시에 왔다가 흔적도 없이 사라진 사건이다.

당시 현지에서 읽었던 기사보도에 따르면, 학생들이 시위를 위해 아요시나파市를 향하던 때 당시 시장은 마침 그날 예정되어 있던 시장 부인의 공식행사가 학생들의 시위로 지장을 받을 것을 우려해 시 경찰로 하여금 이들을 체포하게 하였다. 시장의 명령에 따라 시 경찰은 학생들을 체포한 후 자신들과 내통하는 마약조직 범죄단체에게 넘겼고, 조직원들은 학생들을 외진 쓰레기 소각장에 데려가 살해한 후 화장해 유해를 인근 강가에 유기했다는 것이다.

사건 직후 분노한 시민들은 멕시코시티 도심에 모여 연일 진상규명을 요구하며 대규모 시위를 벌였다. 당시 엔리케 페냐 니에토 전 정부가 출범한 지 1년 반 정도가 된 상태였다. 출범 초기 페냐 니에토 대통령은 야당을 설득해 멕시코 발전을 위해 단합하자는 요지의 '멕시코를 위한 협약'을 체결하는 큰 업적을 세우고, 유엔에서 거버넌스상을 수상하는 등 상당한 인기와 의욕을 가지고 새로운 멕시코 건설을 위해 나가던 때였다.

그러나 교대생 집단살해 사건은 그러지 않아도 심각한 멕시코 내 치안문제에 대한 국민들의 질타와 해결책 마련이라는 강력한 요구에 직면하게 되자 정부의 의욕은 꺾이고 지지율이 하락하기 시작했다. 페냐 대통령도 진상규명을 위한 철저한 수사를 지시하고, 부패한 지방의 주 경찰을 개혁하기 위한 연방 중심의 경찰 일원화 등 10개 항목으로 구성된 치안강화 대책을 발표했다. 하지만 마약조직 범죄단체들과 보이지 않는 이권결탁 관계 등으로 지방정부들이 이런 계획에 적극적으로 동참하지 않았고, 페냐 대통령 개혁조치는 결국 임기를 다할 때까지 이루어지지 않아 개혁의 외침은 수포로 돌아가고 말았다.

다행인 것은 2018년 12월 취임한 오브라도르 신임 대통령 당선자가 실종 대학생들의 가족들을 만나 이들을 위로하고 동 사건의 철저한 진상규명을 위해 신정부 수립 후 진실 규명을 위한 위원회 설치를 약속하였다. 페냐 니에토 정부에서도 국제전문가를 초청해 조사를 실시하였으나, 조사과정에서 멕시코 관리들의 비협조로 국제전문가들과의 마찰을 보이기도 했다. 정부가 조사결과를 발표했으나 여전히 실종 대학생들의 행방은 사건발생 6년이 지난 지금까지도 묘연하고 국민들은 정부의 조사결과를 받아들이지 않았다. 신정부의 적극적인 협조와 국제전문가들의 참여 속에 대학생 집단살해 사건에 관한 진실이 규명되고, 적어도 이들의 행방에 대한 의혹이 조속히 해소되어지기를 바란다.

5.
세계 최악의 교통지옥, 멕시코시티

멕시코시티에 살면서 운전을 하다보면 느끼는 불편한 점들이 몇 가지 있다. 우선 교통체증이다. 또한, 도시 중심에서 조금만 외곽으로 나가면 경사가 급한 산길과 같은 도로가 많고, 또한 과속방지 둔덕을 무수히 만나게 된다. 차량이 많은 것은 여러 가지 이유가 있는데 우선 대중교통 시설이 절대적으로 부족하다. 버스가 다니는 노선이 매우 제한적이고, 지하철 또한 연결 지역이 매우 제한적이고, 간혹 위험하기도 하다.

특히, 멕시코시티 내에 사는 일반적인 시민들은 그래도 대중교통을 이용하지만, 도심지의 높은 물가로 인한 어려운 주택 사정을 고려해 멀리 외곽에 거주하며 출퇴근하는 사람들이 매우 많은데 대중교통 시설이 미비하다 보니 이에 따른 차량 보유도 덩달아 많은 편이다. 최근 10년간 등록 자동차 수가 배로 증가한 데도 이유가 있다. 여기에 도로 사정도 한몫을 한다. 기본적으로 차량이 많긴 하지만 분산시키는 우회도로가 많지 않으며, 도로 중간 중간에 진입로가 짧은 합류도로가 많아 출퇴근 시간에는 그야말로 꽉 막힌 교통체증을 경험하게 된다. 금요일 오후 퇴근시간 때가 가장 많이 막히는 시간대인데 어떤 경우 보통 20분 정도의 거리가 1시간 반에서 2시간까지도 소요되기도 한다.

유럽지역에서 네비게이션 회사로 유명한 프랑스의 Tom Tom 사가 발표한 2017년 교통 정체지수에 따르면 멕시코시티가 전 세계 도시 중 최악의 교통지옥의 불명예에 오르게 되었다. 이 조사에 따르면 멕시코시티 운전자들은 전 세계 48개 나라의 운전자들보다 같은 거리를 이동할 경우 평균 66%의 시간을 더 소비한 것으로 나타났다. 멕시코시티의 운전자 1인당 하루 평균 59분의 정체에 시달리고 있고, 연간 교통체증으로 227시간을 더 소비하고 있다고 한다. 이 조사에 따르면 멕시코시티에 이어 방콕, 자카르타, 중국의 충칭, 루마니아의 부카레스트 순으로 상위 5위를 기록했다.

멕시코시티에서 제일 막히는 세 곳은 Viaducto Rio de la Piedad-Andres Molina Enriques-Calzada de Tlaptpan 구간, Avenida Constituyentes 전 구간, Viaducto Miguel Aleman-Eje Central-Doctor Vertiz 구간인데 혹시 멕시코에 거주하거나, 방문할 경우 특히 출퇴근시간 때 꽉 막힌 체증 속에 갇혀 있

기를 원하지 않는다면 가급적 이런 길들은 피해 가거나 교통체증 시간대를 피해 통행하는 게 좋을 것 같다.

6.
날아가는 새가 떨어지다, 스모그에서의 탈출

고도 2,300미터 높이에 위치한 멕시코시티는 일반적으로 늘상 화사한 봄날씨의 상춘의 도시이다. 물론 일 년 내내 이런 것은 아니다. 멕시코시티의 기후는 사계절로 나뉜다기보다는 건기와 우기로 나뉜다. 대략 6월부터 10월까지가 우기이고, 11월부터 이듬해 5월경까지가 건기이다. 건기에는 우리의 늦은 봄 또는 초가을 같은 화창한 날들이 계속되고, 우기에는 매일 일정한 시간대에 시원한 소나기가 오는데 어떤 때는 마치 장맛비처럼 오기도 하지만, 보통 길어야 1시간 정도이고 비가 그치고 나면 언제 비가 왔냐는 듯이 맑은 날이 된다.

공해 얘기보다는 날씨 얘기를 먼저 한 것은 멕시코시티의 공해는 날씨와 밀접한 관계가 있기 때문이다. 거의 매일 일정하게 비가 오는 우기에는 공해 문제가 거의 없다. 물론, 매일 비가 와도 바로 다음날 도심지 내에는 스모그가 가득한 날이 있기도 하다.

멕시코시티가 고지에 있으나 분지와 같이 움푹 파인 지형에 위치하기 때문에 잘 부는 바람에도 스모그가 좀처럼 사라지지 않는다. 그래도 굳이 비교하자면 한국의 공기보다는 훨씬 좋다는 게 살아본 사람들의 평가이다. 한국에서의 황사나 미세먼지를 경험해본 사람이라면 멕시코시티의 공기가 훨씬 좋다는 점에 충분히 동의할 것이다.

그러나, 과거 2000년 이전까지만 해도 멕시코시티의 공해는 세계적으로 악명이 높았다. 당시 신문기사를 검색해보면 날아가던 새들이 심각한 공해물질로 인해 갑자기 우수수 떨어져 죽는 경우도 있었고, 당시의 의사들에 따르면 흡연하지 않는 사람이 그냥 앉아서 숨 쉬는 것만으로도 하루에 담배 3갑을 피우는 것과 같은 수준이었다고 한다. 지금도 외교부 동료들을 만나면 여전히 멕시코 공해가 괜찮은지를 묻는 경우가 심심치 않게 있다. 과거에 멕시코에 근무했던 분들이 겪었던 지독한 공해와 그로 인해 기관지병에 시달리고, 또 일부는 머리가 빠지는 부작용이 있었다고 널리 알려져 있었는데 지금도 여전히 그런 줄 알고 묻는 질문들이다.

그렇다면 어떻게 그렇게 악명 높은 수준의 공해에서 비교적 깨끗한 공기를 갖게 되었을까? 멕시코시티 정부는 지난 10여 년간 상당한 노력을 기울였다. 우선 과거 공해의 주범이라고 알려졌던 노후된 폭스바겐 딱정벌레 택시차량을 모두 폐기 또는 전환시켰고, 대기질 관리를 위해 차령에 따라 중고차 거래를 제한하는 정책을 시행했다. 즉, 7년 이상 된 차량의 경우 매월 토요일 중 1회를 주행할 수 없으며, 15년 이상일 경우에는 2회 주행을 금지시켰다. 물론 이에 대해서도 주력산업인 자동차업계의 매출을 증대시키는 등 특정업계의 이익을 간접적으로 확보해주는 반사이익도 있었다는 비판도 있다.

멕시코시티의 공해는 주로 건기 가운데서도 우기가 되기 전인 3~6월 사이에 많이 발생하는데, 공해의 특징은 굴뚝에서 나오는 연기로 인한 런던형 스모그가 아니라 자동차 배기가스와 햇빛의 광학작용에 따른 캘리포니아형 스모그이다. 멕시코시티가 대중교통이 미비한 점도 공해 증가의 한 요인으로 꼽힌다. 다수의 빈민층은 외곽도시로부터 오랜 시간 걸려 버스로 출퇴근을 하지만, 약간의 여유라도 있는 층은 어쩔 수 없이 차량을 마련하여 출퇴근에 사용하기 때문에 멕시코시티의 교통체증은 상상을 초월한다. 또한 경사진 곳이 많아 도로 곳곳에서 쉽게 볼 수 있는 과속방지 둔덕 때문에 차량들이 수시로 속도를 늦추었다가 다시 출발하게 되는데 이때에도 매연 배출이 증가하기 때문에 최근에는 무차별적인 과속방지 둔덕을 없애자는 움직임도 일고 있다.

2016년 봄 당시 스모그가 한창 심할 때에는 약 3개월간 차량운행 5부제를 실시한 적이 있다. 하지만 이런 노력에도 불구하고 공해 사정은 별로 나아지지 못해 급기야 2부제가 시행되기도 했으나 오존지수는 좀처럼 낮아지지 않았다. 결국 우기가 시작되면서야 비로소 문제가 해결되었다. 물론 매년 봄이 되면 다시 공해 문제가 사회면을 장식하지만, 자연의 자생적인 치유능력을 잃지 않도록 운영하는 게 지혜로운 공해대책임을 새삼 깨닫게 된다.

어쨌든 멕시코시티는 공해로 인한 피해를 여전히 많이 받는다. 2015년도 통계를 살펴보면 멕시코시티 시민 중 약 1,823명이 공해로 인해 조기에 사망한 것으로 조사됐다. 또한 공해로 인한 입원환자는 4,494명, 의사의 진료를 받은 환자가 247,729명이었던 것으로 나타났는데, 이를 비용으로 환산해보면 약 16억 페소(960억원)에 이른다고 한다. 다른 통계에 따르면 2010년 기준으로 전국에서 공해로 인해 사망한 사람은 2만 명으로 제15위의 사망원인이었으며, 공해로 인한 GDP 손실은 3.2%인 것으로 나타났다. 공해 문제가 단기간에 쉽게 해결될 사항은 아니나, 배기가스 규제, 차량증가 억제, 친환경 대중교통 수단 개발보급 등 장기적으로 꾸준한 노력이 지속된다면 푸른 하늘이 지속되는 멕시코의 하늘을 어렵지 않게 볼 수 있을 것이다.

7.
칸쿤의 탄생

　세계적으로 유명한 멕시코의 휴양지를 꼽으라고 하면 칸쿤, 아카풀코, 로스 카보스를 우선 꼽을 수 있을 것이다. 이외에도 고래 유영으로 유명한 푸에르타 바야르타 등 수많은 관광지가 넘친다. 우리나라에도 잘 알려진 칸쿤은 최근 몇 년간 신혼여행지로 잘 알려져 많은 한국인들이 찾는 곳이기도 하다. 칸쿤은 카리브 연안에 위치한 아주 고운 모래사장과 에메랄드빛 바다, 그리고 아주 고급스러운 호텔과 함께 인근에 산재한 마야의 유적과 기이한 지형을 이용한 지하동굴 등 쉴거리, 볼거리, 즐길거리 등등이 잘 완비되어 있는 훌륭한 곳이다.

칸쿤의 아름다운 해변 모습

미국을 비롯한 전 세계 많은 방문객들이 칸쿤을 찾는다. 많은 사람들이 칸쿤이 미국 자본에 의해 개발된 관광지라고 알고 있는데, 사실 알고 보니 멕시코 정부가 60년대부터 관광산업 육성차원에서 개발한 곳이다. 멕시코 중앙은행은 70년대 붐이었던 새로운 관광단지 개발에 착수하여 후보지를 물색했는데 경관이 아름다우며, 거주민 수가 적고, 개발이 되지 않는 곳을 기준으로 삼아 전국의 6곳을 후보로 선정했다고 한다. 그 후보들은 바하 캘리포니아 수르, 오아하카, 게레로, 킨타나 로 등이었다. 이중 킨타나 로Quintana Roo州 동쪽 끝 카리브 연안에서 사람이 거주하지 않는 밀림지대에 7개 섬으로 연결된 23킬로미터 길이의 섬을 발견했는데 이것이 바로 오늘날 칸쿤이다. 당시에는 바로 인근 해안에 호주 다음으로 세계에서 2번째로 큰 산호초가 있다는 것도 몰랐다고 한다.

칸쿤은 13,230헥타르 규모 대지에 관광지구, 주거지구, 보호지구 등 3개 지구로 구분되어 개발되었다. 1970년 2월부터 개발이 시작되었으며, 미주개발은행IDB의 투자를 유치하였다. 약 6.5억 달러가 투자되었는데 흥미로운 것은 개발 당시 사람이 거주하지 않았던 지역인지라 유력 일간지조차 칸쿤의 이름을 정확하게 표기하지 못해 혼동을 주기도 했다. 언론에 표기된 칸쿤의 당시 이름으로는 Kan Kun, Can cun, Can-cun 또는 Cancum 등으로 제각각 표기되었다. 이렇게 시작된 개발사업은 1971년 정부의 공식 보고서 발표, 1973년 국제공항 완공, 1974년 첫 번째 호텔인 Bojorquez 호텔(332객실) 개장으로 이어졌다. 그동안 칸쿤은 비약적인 발전을 이루었는데 2016년을 기준으로 관광부에 따르면 칸쿤 지역의 총 객실 수는 30,667개에 이른다.

최근에는 칸쿤 인근의 치안이 악화되었다는 소식이 가끔 들리고 있으나, 여전히 칸쿤은 낭만적이고 이국적인 세계적인 휴양지로 손색이 없다. 칸쿤을 여행하는 방법은 일반 여행지와 다를 바가 없지만, 칸쿤 여행의 대세는 가격이 약간 높지만 숙박, 식사, 음료, 부대시설 이용 등이 모두 포함된 All inclusive 프로그램이다. 현지인들은 보통 1주일 기간을 전후로 해서 예약을 하곤 한다. All inclusive일 경우 모든 식사가 무료이고, 한 호텔 내에 다양한 식당이 있기도 하며, 경우에 따라서는 예약이 필요한 호텔 내 식당이 있는 경우도 있다. 물론 무료는 마찬가지이긴 하지만 말이다. 수영장, 바, 놀이시설, 간식거리, 음료 등도 대부분 무료로 이용할 수 있다. 호텔 객실 안에는 심지어 테킬라나 위스키 같은 주류들도 무료로 마실 수 있는 경우도 많다.

호텔에 딸린 전용 해변이 있는 호텔이 대부분이고, 일반적으로 호텔 내부에는 여러 개의 다양한 수영장도 갖추고 있다. 워터 슬라이드가 갖추어지거나 골프장이 딸린 호텔도 있다. 외부 관광 프로그램의 경우에만 호텔 내에 있는 여행사 사무소를 통해 별도의 비용을 지불하고 관광할 수 있다. 칸쿤에 가보면 일정에 쫓기는 한국 단체 관광객들이 하룻밤만 거쳐가곤 하는데, 칸쿤은 잠깐 번개같이 지나치기보다는 여유 있게 쉬면서 아름다운 경치 앞에서 마음의 위안을 줄 수 있는 여행지로써 제격이라고 하겠다.

8.
아카풀코의 이면

　세계적으로 유명한 멕시코의 휴양지를 손꼽으라고 하면 앞에서 본 칸쿤 말고도 대표적으로 아카풀코를 꼽을 수 있다. 칸쿤이 동쪽 마야 지역의 밀림과 아름다운 카리브 해가 만나는 지역에 1970년대 멕시코 정부에 의해 관광지로 개발된 휴양지라고 한다면, 아카풀코는 반대로 서쪽 태평양 지역에 위치한, 특히 미국인에게 유명한 세계적으로 이름난 휴양지이다.

　아카풀코는 멕시코시티로부터 고속도로로도 연결되어 있는데, 2016년 고속도로가 새로이 완공되어 4~5시간에도 그리 어렵지 않게 갈 수 있는 비교적 가까운 곳에 위치한 휴양지라고 할 수 있다. 많은 사람들이 멕시코시티로부터 방문하곤 하지만, 정작 아카풀코의 화려한 명성에도 불구하고 치안 문제가 심각하다는 것은 멕시코 국내 사람들 빼고는 외국인 관광객들에게는 잘 알려져 있지 않은 편이다.

일몰경의 아카풀코 해안

아카풀코 휴양지는 서쪽 내륙으로부터 태평양 연안지역을 접하고 있는 게레로州 내에 소재하며 아카풀코市에 위치하는데, 휴양지는 아카풀코 시내에서도 해안 쪽에 설정되어 있는 일종의 관광지구(호텔지구)를 한정해서 말한다. 문제는 이 관광지구를 제외한 외곽의 아카풀코시나 게레로 주는 멕시코 내에서도 치안이 극히 좋지 않은 곳으로 유명하다. 2019년 초에 발표된 언론보도에 따르면 아카풀코시만을 기준으로 한 살인율(10만 명당 살인 발생건수)은 전 세계 도시를 비교했을 때 세계 2위를 기록하고 있다. 아카풀코시의 살인율은 110.5명에 달한다. 1위도 역시 미국과 경계에 있는 멕시코의 북서부의 티후아나시가 차지했다. (살인율 138.26명) 멕시코 공공안전 및 형사사법정의를 위한 시민위원회라는 단체가 조사한 이 자료에는 살인율이 높은 전 세계 도시 20개 중 멕시코의 도시들이 무려 8개나 포함되어 있다.

참고로 2016년 유럽이나 한국과 같은 나라의 살인율은 1명 이하인데 멕시코 전체의 평균은 22명이다. 50~100명을 기록하는 엘살바도르, 온두라스 같은 나라에 비하면 낮은 숫자라고 할지도 모르겠지만 어쨌든 서구 선진사회에 비하면 월등히 높은 편이다. 그리고 위의 중미 소국의 경우(보통 인구 3~4백만 명)와 비교해서는 멕시코의 인구가 1.2억인 점을 비교하면 전체 총 피살자 수는 비교할 바가 안 된다.

어쨌든 세계적으로 유명한 관광지 아카풀코는 이러한 열악한 주변 치안환경에도 불구하고 신기하게도 비교적 안전한 편이다. 그 이유는 멕시코 연방정부, 게레로 주, 아카풀코시가 관광객 유치를 위해 최소한 관광지구 내에서의 치안유지를 위해 3중, 4중의 다양한 치안력을 유지하고 있다. 여기에 더하여 해군도 관광객 보호를 위한 삼엄한 경비에 참여하고 있다. 하지만 방심은 금물이다. 게레로 주와 아카풀코시에는 마약갱단 활동이 활발하고 경제적으로 낙후되어 폭력조직 간 또는 경찰과의 충돌, 또한 청부납치, 살인 등이 다반사로 이루어지고 있다. 언론에 소개된 아카풀코시 인근의 폭력조직 일원의 진술에 따르면 청부살인 비용이 고작 100불에도 이루어진다고 한다. 2016년에는 심지어 관광지구 인근에서 폭력조직과 경찰과의 충돌로 2~3일 동안 아카풀코 시내가 마비된 적도 있다.

9.
국민 건강, 보건의 경고등

멕시코에서는 10명 중 9명이 질병으로 조기에 사망한다. 사망 원인으로 지목되는 것은 멕시코 국민들이 흡연, 음주, 영양 불균형 등 건강하지 못한 습관을 버리지 못하는 데 있다고 지적되고 있다. 멕시코는 유아비만 수치가 가장 높은 나라로 이제 사회가 함께 진지하게 건강한 삶 영위를 위해 걱정해야 하는 단계가 되었다. 앞으로 젊은 세대가 여전히 좋은 영양을 섭취하는 방식의 문화로 가지 않고 계속해서 불규칙하고 건강하지 못한 생활습관을 바꾸지 않는다면 수명은 물론 경제적·사회적인 어려움이 닥칠 것이 불 보듯 뻔하다.

멕시코 국민의 건강에는 이미 경고등이 들어온 수준이다. 2014년 633,641명이 사망했는데 이중 90% 즉 560,784명이 질병으로 사망했다. 당뇨병, 뇌출혈, 악성종양이 주요 질환이었다. 특히, 악성질환들은 멕시코 국민 사망원인의 41%나 차지했다. 전국 32

개주 가운데 23개주에서 당뇨병이 제1위의 질병으로 나타났다. 2012년부터 2014년까지 멕시코 내 당뇨병 사망은 해마다 약 4천 건 가량이 늘어났다. 이러한 부정적인 추세는 설상가상으로 증가 추세에 있다. 2012년에는 85,500건이었던 것이 2014년에는 94,027건으로 조사되었다.

멕시코 정부도 질병 발병을 낮추기 위한 각종 노력을 하고 있다. 담배, 주류, 탄산음료에 대한 과세부과 등 국민들이 보다 책임 있는 소비를 하도록 교육하고, 홍보 캠페인도 벌이고 있다. 시민들이 건강한 삶의 태도를 유지하는 것이 얼마나 중요한지 인식하게 하기 위해서 사회보장청, 교육부, 사회개발부, 보건부 및 언론매체 등 관계기관들을 아우르는 적절한 전략이 부족한 것이 아쉬운 점이다. 경제적인 측면에서 보아도 이러한 추세를 막기에는 현재 상태로써는 어려워 보인다. 중장기적으로 이런 추세가 이어지면 공공보건 정책상 유지되기 어렵다. 이는 시한폭탄과 같은 존재로 조만간 폭발할 것이며, 결국 모든 국민들이 그 비용을 지불해야만 할 것이다.

전문가들도 정부가 조속히 문제해결에 나서지 않으면 조만간 결과는 재앙적일 것이라고 경고한다. 시민들에 대한 질병이나 건강에 대한 교육이 적극적으로 이루어지지 않는다면 재앙의 속도와 피해폭은 점점 더 빨라지고 깊어질 것이다. 국민들 사이에 건강한 삶을 위한 적절한 행동습관의 변화는 결코 하루아침에 이루어지지 않는다. 계속해서 건강에 대한 교육과 조기 질병발견 시스템이 갖춰지지 않으면 멕시코 국민들은 여전히 고유한 생활방식으로 인해 지속적으로 피해자가 될 수밖에 없을 것이다.

10.
일상화가 되어버린 교도소 폭동

치안이 좋지 않다 보니 교정시설에 수용되어 있는 인원도 지나치게 과다하고, 열악한 환경이기 십상이다. 또한, 재소자들의 상당 부분이 마약 카르텔과 관련된 범죄자들이어서 교도소 내에서도 종종 계파별 패싸움이 벌어지고 폭동과 급기야 탈주 및 사상자가 속출하는 일이 전국 교도소에서 자주 벌어진다.

2017년 7월에도 휴양도시로 국제적 명성을 갖고 있는 태평양 연안의 아카풀코에 있는 교도소에서 재소자 간 충돌로 최소 28명이 사망하고 3명이 부상을 입는 사고가 벌어졌다. 아카풀코시가 속해 있는 게레로 주의 치안당국에 따르면 새벽시간에 세레소 연방교도소에 수감 중인 경쟁 마약 카르텔 조직원들 간에 패싸움이 벌어졌으나 탈주자는 없었다고 밝혔다. 주 경찰당국에 따르면 당초 충돌이 일어날 당시 교도소 내에는 재소자 2,000명이 있었고, 폭동이 진압이 된 직후 사망자가 5명 발생했다고 밝혔으나,

교도소 내부를 정밀 수색한 결과 식당, 접견실 등에서 목과 신체 부위가 잘린 사상자들이 더 발견되었다고 설명했다.

2017년만 해도 큰 교도소 폭동으로는 3월 북부 누에보 레온 주 몬테레이시 인근에 있는 카데레이타 교도소에서 폭동이 일어나 4명이 숨지고 교도관을 포함해 21명이 부상을 당했으며, 6월에는 타마울리파스 주의 주도인 씨우다드 빅토리아에 있는 교도소에서 교도당국의 점검시간에 폭동이 발생해 7명이 사망하고 13명이 부상을 입은 바 있다. 앞에서 얘기한 대로 환경이 열악한 멕시코의 교도소에서 일부 수감자들은 별다른 제지 없이 사제품을 반입하여 사용하고, 전화를 이용하여 외부와 쉽게 연락을 하는 모습이 종종 언론에서 보도되고 있다. 또한, 많은 경우에 내부 주도권을 놓고 경쟁 마약 카르텔 간 일어나는 혈투극과 폭동은 흔한 풍경이 되어버렸다.

영사 업무로 멕시코시티 외곽에 있는 구치소에 면회를 수차례 가볼 기회가 있었는데, 그나마 좋은 환경의 구치소라는 평가에도 불구하고 한국과 비교해보았을 때 매우 열악한 수준이었다. 음식을 싸서 면회를 온 가족들의 모습과 다소 위압적인 교도소 직원들의 태도, 엄중한 출입절차를 거쳐야 면회가 가능하지만, 교도소가 아닌 구치소여서 그런지 내부에서는 생각보다는 비교적 자유로운 생활이 가능한 구조였다. 내부에 매점도 있고, 스스로 취사도 해먹는 것이 허용되었다. 아마 이러다 보니 훨씬 조건이 좋지 않은 교도소에서는 마약조직 간 활동이 가능하고, 쉽게 편싸움이 일어나 교도소 내 폭동으로 발전할 수 있을 것이라는 생각이 든다.

11.
마약 재배 농가의 모순

 멕시코의 치안을 얘기하면 최근 10년간 치안이 더 악화되었다는 말을 많이 듣게 된다. 그 원인 중의 하나가 마약인데, 10년 전 미국이 마약과의 전쟁을 선포하면서 해상 밀수 루트가 막히고, 멕시코 육로를 통한 반입이 대부분을 차지하게 되었다. 이에 따라 미국으로 들어가는 마약의 통과지인 멕시코에서는 이러한 마약사업에 뛰어드는 마약 카르텔들이 활개를 치기 시작했고, 이는 거의 지방의 치안을 좌지우지하는 세력으로까지 성장하였다.

 멕시코는 전국적으로 수많은 마약 카르텔이 포진되어 있다. 어느 한 조직이 와해되거나 정부에 의해서 무너지면 그 공백은 다른 마약조직이 세력을 접수하거나 확장하기 때문에 정부의 부분적인 소탕작전이 무력해지는 이유이다. 멕시코 내에서도 마약이 많이 생산된다. 미국 마약국DEA의 통계에 따르면 2015년 미국 내 유통되고 있는 헤로인의 42%가 멕시코에서 생산된 것으로 조사되었다. 특히, 마리화나의 경우 주로 서북쪽 지역에서 재배되는데 대표적인 곳이 게레로 주이다.

마약과의 전쟁에도 불구하고 마리화나 재배가 근절되지 않는 이유는 뭘까? 우선적으로 지방은 열악한 지방재정과 부패문제로 치안 공권력이 미치지 못한다. 일부 지방에서는 아예 경찰이 옷만 경찰이지 사실상 마약갱단의 일원이라는 말도 공공연하다. 더욱이 지방재정의 빈약으로 지역주민에 대한 복지혜택이나 재정지원이 있을 리 만무한 경우가 대부분이어서 지방에서의 실업률은 매우 높다. 이러한 지방의 유휴 인력을 마약 카르텔들이 마약 관련 산업에 활용한다. 물론 자발적으로 양귀비나 마리화나를 재배하는 사람들도 많지만, 대량의 공급을 위해 마약 카르텔은 보통 생명을 위협하면서 농민들이 마약을 재배토록 강요하는 경우가 다수이다. 농민들 입장에서는 거부했을 때 생명의 위협을 느껴야 하는 것을 제외하면, 하물며 일거리를 주고 먹고 살게 해주는 마약 카르텔이 지방정부보다 좋다고 생각하는 경향마저 있다. 하지만 마약 범죄단체와 관계없이 마리화나를 재배하는 농가들도 있는데 그 이유를 들어보면 순전히 경제적인 이유이다. 즉 마땅한 대체작물이 없고, 커피 등에 비해 수확처리가 쉬워서 마약보다 이윤이 많이 나는 작물이 없다는 것이다.

멕시코에서 양귀비는 보통 9~10월에 파종이 되고 겨울 동안 성장을 하는데, 파종 후 8개월 정도 경과되면 붉은 꽃을 피우고 5~6월에 만개하면 수확을 한다고 한다. 물론 양귀비나 마리화나 재배는 불법이다. 보통 아편 1킬로그램에 13,000페소를 받는다고 한다. 마리화나 재배에도 일정한 패턴이 있는데 보통 공유지 내에서 재배를 하는데, 재배 면적이 최대 1헥타르를 넘는 법은 거의 없다고 한다. 비용이 많이 들고, 또 정부당국에 쉽게 발각될 위험이 있기 때문이라고 한다.

물론 개중에는 범죄단체와 관계없이 자발적으로 경제적 필요에 따라 마리화나를 생산하는 농민들도 있다. 이들 농민들은 정부가 모든 마약생산이 범죄단체와 연관이 있다고 오해하고 있다고 주장하면서 자신들이 경제적 동기에서 재배하는 것을 정부가 인정해줄 것을 요구한다. 또한 마약재배 근절을 위한 항공 제초제 살포를 중단해줄 것을 요구하면서 도로점거 시위를 벌이기까지 한다. 사정이 이렇다 보니 주지사들 중 일부는 마약 가운데 중독성이 심한 헤로인은 논외로 하고, 중독성이 약하고 상대적으로 해가 없는 마리화나나 양귀비는 철저한 국가 통제 하에 의료적 목적으로 사용해야 한다고 주장하는 인사가 나오고 있다. 모렐로스 주의 그라코 주지사가 대표적 인물이었다.

멕시코에서의 치안문제는 앞에서 본 바와 같이 마약 및 범죄단체에 기인한다. 치안을 개선하는 것은 종국적으로는 대체작물 재배 등 소득개선을 통한 경제환경을 개선하고, 마약 사용을 줄이면 점진적으로 마약에 대한 의존도가 낮아지고, 따라서 범죄단체도 쇠퇴하는 선순환의 구조로 나아갈 수도 있다. 하지만 세계 최대의 마약 소비국인 미국이 가장 가까운 이웃이고, 이에 따라 마약의 통과지가 될 수밖에 없는 운명인 멕시코에게는 좀처럼 풀기 어려운 과제이다.

12.
멕시코 장례산업의 이면

멕시코의 치안 사정을 말하다 보면 많은 사람들이 희생을 당하는데 이들의 장례를 담당하는 장례업계는 어떠할까 궁금증이 생겨난다. 물론 정확한 통계나 조사가 이루어진 바는 없는 것으로 알려져 있으나, 멕시코에도 장례 서비스업 협회Consejo Mexicano de Empresas de Servicios Funerarios가 있다. 이 협회에 따르면 멕시코 통계청 자료에는 전국에 약 4,951개의 장례업체가 있는 것으로 추정되는데, 동 협회에 소속된 업체는 180여 개로 전체 업체의 6~8%에 불과하다.

협회는 연간 장례산업의 규모를 약 120억 페소(약 7,663억 원)에 달하는 것으로 추산하고 있는데, 이런 규모에도 불구하고 협회에 소속된 업체가 매우 적은 것은 그만큼 장례산업이 정부 당국 감독의 사각지대에 있기 때문이라고 주장한다. 전체 장례의 약 절반 정도가 비정상적인 거래로 이루어지며, 정식허가를 받지 않거나 서비스 이용 계약이 이루어지지 않고, 심지어는 관을 재활용하는 일도 빈번하다고 한다.

협회로써는 이처럼 무질서하고, 위생상으로 문제가 될 수 있는 점들을 예방하기 위해서는 당국의 지도가 필요하다고 생각한다. 하지만 현실에서는 정부도 생산체인의 마지막 고리라 할 수 있는 장례산업에는 별다른 신경을 쓰고 있지 않고 있다. 또한, 어느 누구도 죽기 전에 미리 장례 서비스를 알아보거나 미리 계약을 생각하지 않는다는 점도 협회는 잘 알고 있다고 한다. 따라서 무허가 업체가 난립하고, 주검을 둘러싸고 업체 간 싸움이 심심치 않게 목격되고 있다. 협회 관계자에 따르면, 오늘날 장례업계가 영세한 이유가 무허가 업자의 난립도 있지만, 경제 악화에 따른 구매력 저하로 고객들이 아주 기본적인 사양을 선택하고 있기 때문이라고 한다.

모순적이지만 치안 악화로 장례업체들이 호황을 맞아야 할 것 같지만 아이러니하게도 부정적인 영향을 받고 있다고 한다. 영업시간도 오전과 오후에 한정하여 줄일 수밖에 없다고도 하는데, 주된 이유가 상대방 마약 카르텔의 보복 총격 등 위협 때문에 밤샘조문 등 야간영업을 할 수 없다고 한다. 북쪽에 있는 타마울리파스 주, 코아우일라 주, 레온 주의 경우에는 아예 야간영업이 불가한 상황이라고 한다. 또, 많은 경우 범죄 피해자들이 암매장

되는 경우가 많고, 무연고 시신이 많은 점도 업계의 어려움을 더한다.

그나마 불행 중 다행이라고나 할까? 장례업계 관계자들에게는 영업이 잘 안 되어 걱정이 되겠지만, 멕시코시티의 경우에는 보건의료 환경의 점진적 개선으로 최근 연간 사망자 수가 8~10% 정도 감소될 것으로 예상된다고 한다.

13.
멕시코 사람들의 평균 신장

얼마 전 한국 언론에도 소개된 바 있는데 전 세계 200개국을 대상으로 지난 100년간 각 국가 국민들의 신장 변화를 조사한 결과가 소개된 적이 있다. 전 세계 과학자 단체인 NCD RisC가 조사한 바에 의하면, 멕시코 사람들은 1914년부터 2014년간 평균 13센티미터의 신장 증가가 있었던 것으로 나타났지만 다른 나라들과 비교해서는 여전히 작은 편에 속한다. 지난 백년간 멕시코 여성의 평균 신장은 143센티미터에서 156센티미터로 커졌으며, 남성의 경우에는 156센티미터에서 169센티미터로 높아졌다. 200개 국가 중 순위는 남녀 각각 과거 백년 전에 비해 191위에서 145위, 184위에서 124위로 변화되었다.

이 조사 결과에 대한 멕시코 언론의 반응이 흥미롭다. 한 일간지는 멕시코 사람들이 '호빗에서 단지 땅딸이로 변했을 뿐'이라고 제목을 뽑으면서 평균 신장이 유전적인 인자가 작용하기도 하지만 경제적인 요인도 영향을 미친다고 지적한다. 영양 상태가 좋지 않거나 중병을 앓는 어린이의 경우 성인 신장이 작을 수 있음을 지적하면서 여전히 멕시코 사람들의 평균 신장이 상대적으로 작은 것에는 이런 요인이 있지 않을까 하는 추측이 담겨있다.

이 조사에 따르면, 세계에서 가장 많이 성장한 사람들은 한국 여성으로 20센티미터가 증가한 162센티미터로 종전 196위에서 55위를 기록했다고 한다. 남자의 경우에는 16센티미터가 증가하여 174센티미터를 기록한 이란이었다. 또한, 세계에서 가장 키가 큰 국가는 남자의 경우 네덜란드(182센티미터), 여자의 경우 라트비아(168센티미터)였다. 가장 작은 경우는 과테말라 여성(140센티미터)이었고, 그를 이어 엘살바도르, 페루, 방글라데시 등의 순서였다.

멕시코 언론들은 동 조사에서 키 큰 사람들이 일부 특정암에 걸린 성향이 있기는 하지만, 일반적으로 장수하고 심장질환이나 뇌경색 위험이 낮으며 학업성적이 우수한 것으로 나타났다는 점도 강조해 소개하기도 했다. 멕시코 사람들은 다른 중남미 국가와는 다르게 인구의 대다수가 원주민 인디오와 백인 간의 혼혈인 메스티소로 구성되어 있으며, 원주민과 백인 후손이 공존하며 비교적 인종 간 차별이 적은 곳이다. 신장면으로만 본다면 남부에는 주로 많이 거주하는 인디오들은 대체로 작고 왜소한 체격을 갖고 있으며, 메스티소 후손들은 매우 강건하고 다부진 체격을 갖고 있는데 두터운 흉골과 굵은 목둘레, 그리고 비교적 작지만 다부진 체격을 갖고 있다. 하지만 이것도 내 개인적이고 주관적인 관찰일 뿐 일반화하기는 어려울 수밖에 없다. 1억 2천만 명이나 되는 멕시코 인구를 생각하면 정말 다양하게 어울려 살고 있다고 하는 게 맞을 것이다.

멕시코 사람들과 얘기하다 보면 많은 사람들이 신장이 작은 것에 대해 약간의 컴플렉스를 갖고 있는 듯한 느낌을 받을 때가 있는데 물론 일반화해서 말하기는 어려울 것이다. 잘 아는 멕시코 친구의 주장에 의하면 멕시코 북부지방으로 갈수록 특히 여성들의 체형이 크고 훨씬 더 예쁘다고 한다. 그 말이 사실이라면 멕시코 남부의 남성이 잘생겼다는 말을 들어본 적은 없으나, 우리처럼 남남북녀라는 말이 이곳 멕시코에서도 통한다고 해야 하지 않을까 싶다.

14.
진보적 인권의 나라, 동성애 천국

　어느 사회나 마찬가지겠지만 멕시코도 진보와 보수가 공존한다. 하지만 종종 진보적 세력이 주도권을 잡고 이끌어가는 분야를 보게 되는데 멕시코에서는 동성애 집단과 마리화나 판매허용 주장 집단이 그러한 경우이다. 특히나, 국민 대부분이 카톨릭 신자인 멕시코는 전 세계에서 단일 국가로는 카톨릭 신자 수가 가장 많은 나라인데도 불구하고, 멕시코에서 동성애가 세를 떨치는 것은 어쩌면 아이러니이다.

　전국적으로 그런 것은 아니지만, 멕시코시티는 이미 동성결혼이 합법화되었다. 정부는 앞장서서 동성애자에 대한 혐오를 없애기 위한 대책마련에 열중이다. 국가인권위원회는 교육, 보건, 사법 차원에서 동성애에 대한 불관용 및 차별을 철폐하라는 공공정책 수립을 권고하고 있다. 2016년 5월 17일 국제 성소수자 혐오 반대의 날을 맞아 페냐 니에토 전 대통령은 동성결혼을 법률적 권리 차원에서 헌법상 권리로 격상시키는 방안을 발표하였다. 구체적으로 행정부는 헌법 제4조를 개정하여 동성결혼권의 헌법화를 추구하는 개정안을 제출하겠다고 발표하였다.

LGBT 그룹 관계자들에 따르면 현재 멕시코 내에는 주정부에 따라 동성결혼권이 규정되어 있기도 하고 또는 미비된 상태라고 한다. 따라서 헌법을 개정하게 되면 전국적으로 동성결혼권이 인정되리라 기대하고 있다. 또한, 페냐 니에토 전 대통령은 별도의 개정안을 제출하여 연방 민법을 개정하여 성별을 표시할 수 있도록 하는 새로운 결혼증명서를 발급할 수 있도록 하겠다고 발표하였다.

이날 기념식장에 참석한 성소수자 단체 대표들은 동성결혼권의 헌법상 인정조치 추진을 환영하고, 이외에도 성소수자 혐오예방을 위한 전국적인 캠페인 전개, 학교 교육과정 내 다양성 존중 내용 포함, 출생 증명서상 성변화 변경 허용 등을 주문하였다. 멕시코에서 성소수자들의 활동은 활발한 편이다. 매년 5월 17일에 시내에 나가면 성소수자들의 퍼레이드가 벌어진다. 물론 이들만이 다는 아니다. 동성애를 반대하는 많은 사람들이 그 옆에서 반대하는 맞불시위를 벌이기도 한다. 특히, 카톨릭 단체를 중심으로 반대가 심한 편이다. 멕시코시티 시내 중심의 쏘나 로사Zona Rosa 지역은 대낮에도 길거리에서 남성 동성애 커플의 애정행각을 심심치 않게 마주치게 된다.

15.
허망한 교육개혁, 학습능력평가(PISA) 결과

경제협력개발기구OECD가 3년마다 세계 주요 국가들을 대상으로 각국 학생들의 학습능력평가PISA를 실시한다. 2016년 12월에 2015년도에 실시한 PISA 결과가 발표되었다. PISA 평가는 전 세계 72개국의 15세 아동들을 대상으로 독해, 수학, 과학 능력을 측정하는 제도이다.

멕시코는 조사대상 72개국 중 56위를 기록했다. 15년 전인 2002년 조사 결과와도 별로 달라진 것이 없다. 과학 분야만 평균 이상의 결과가 나왔을 뿐 나머지 분야는 평균에도 미치지 못했다. 다른 나라와 비교해도 한참 모자라는 결과이다. 베트남, 에스토니아, 칠레 등은 각각 최저기준 대비 94%, 91%, 65%를 초과하고 있는 반면, 멕시코는 48%에 불과했다. 더 심각한 문제는 PISA가 학교에 재학 중인 15세 아동을 대상으로 한다는 점인데, 멕시코의 15세 아동 인구 전체 가운데서 학교에 재학 중인 학생은 62%에 불과하다. 3명 중 1명은 학교를 안 다닌다는 얘기다. 세계 평균 재학율이 93%인 점을 감안하면 낮아도 매우 낮은 수준이다. 72개국 중 71위이다. 다시 말해 멕시코의 15세 아동들의 학습능력이 뒤처지기도 하지만, 많은 아동이 학교에 다니지 않기도 하는 중첩된 문제를 가지고 있는 것이다.

멕시코의 지성인들은 PISA 결과를 한탄하면서도 특히, 지난 15년간 교육분야 발전이 전혀 없었다는 점에서 그동안 정권들이 외쳐댔던 교육개혁이 과연 쓸모가 있었는지에 대해 의문마저 제기한다. 흔히들 교육은 백년지계(百年之計)라고 한다. 교육정책이 그만큼 잘 준비되어 만들어지고 꾸준히 관리해서 장기적으로 인재를 길러내야 한다는 말일 것이다. 정권마다 교육정책을 바꾸는 것도 문제이지만, 멕시코에서는 철저하지 못한 교육개혁이 실제 효과를 발휘하지 못한 결과로 나왔다. 그동안 교원노조의 반대로 교원평가가 이루어지지 못해 교사들의 질 저하가 많이 지적되어 왔으며, 또한 교원직의 세습마저 이루어져 왔는데 이러한 점들이 지난 15년간 교육발전이 전무한 오늘의 허망한 결과의 원인이라고 할 수 있다.

페냐 니에토 정부(2012~18년)들어 초기 과감한 개혁 드라이브를 걸었고, 그중의 하나가 교육부분으로, 부패하고 개혁에 저항하는 교원노조를 적극 대응하고, 과감히 교원평가 제도를 강행하는 모습을 보이기도 했으나, 정권 하반기로 가면서 개혁 추동력이 상실되어 큰 진전을 보이지 못하는 모습을 보였다. 멕시코의 문제점으로 주로 지적되는 치안과 부패 문제가 해결되지 않으면, 이 문제들은 장기 발전의 핵심열쇠인 교육 분야의 개혁도 발목을 잡을 수밖에 없으므로 국가발전을 위해서는 멕시코 정부가 강력한 교육개혁 정책을 추진하는 것이 절박해 보이는 시점이다.

16.
급속한 멕시코 사회의 노령화

세계적으로 노령화가 심각한 사회 문제가 되고 있는 가운데 한국은 이제 초고령화 사회로 접어들고 있다. 한때 젊은 인구층을 자랑하던 멕시코도 이제 노령화를 걱정해야 하는 단계에 들어섰다. 멕시코는 급격한 노령화 사회 도래뿐만 아니라 노령인구 가운데 여성이 차지하는 비중이 높아지고 있는 것이 또 다른 특징이다. 인구가 고령화되면서 인구 피라미드의 기반이 점차 감소하고 상위층에 있는 노령인구가 급속히 증가하고 있다.

멕시코 국가인권위원회에 따르면 현재 멕시코에는 1,300만 명의 노령인구가 있는 것으로 조사되었다. 이중 남성이 46.2%이고, 여성이 53.8%를 차지하는 것으로 나타났다. 여러 통계를 보면 멕시코도 한국과 마찬가지로 여성의 평균수명이 남성보다 약 6살이나 더 많다. 이러한 노령화 추세는 앞으로 더욱 빨라질 것으로 보이는데 국가인권위원회는 2030년 노령인구가 2천만 명에 달해 전체 인구의 15%를 차지할 것으로 내다보고 있다.

이런 추세를 반영하는 것인지 몰라도 멕시코에서는 1983년부터 어버이의 날 이외에도 조부모의 날이 공식적으로 지정되어 있다. 전국노령자협회에서는 상담과 캠페인 등을 통해 노령자들의 권리 강화를 위한 노력을 하고 있다. 노령자의 권리로는 폭력 및 차별이 없는 품위 있는 삶을 살 권리, 사회복지 서비스를 받을 권리, 진료·영양·가족보호를 받을 권리, 교육받을 권리, 품위 있는 직업생활을 할 권리가 있음을 홍보하는 데 주력하고 있다.

멕시코에서 노령층이 주로 겪는 질환으로는 심장질환(25%), 동맥경화 고혈압(22%), 당뇨병(15.9%), 뇌혈관질환(7.3%), 폐기능장애(5.1%), 간질환(3.9%), 인플루엔자(3.0%), 신장질환(2.2%) 및 영양실조(1.8%) 등으로 조사되었다. 전국노령자협회는 노인들이 질병이나 곤궁 또는 사망 등에 관해 걱정이 많아 중요한 대비를 잊는 경향이 있다고 하면서 노령층의 건강과 권리 증진, 그리고 긴급한 경우를 대비한 사전 비상시 연락망을 구축해둘 것을 권고하기도 한다.

17.
1968년 멕시코의 비극

 1968년은 멕시코가 하계올림픽을 개최한 해이다. 우리 서울 올림픽보다 20년 전의 일이다. 하지만, 오늘날 멕시코에서는 1968년은 올림픽보다 당시 학생운동에 대한 무자비한 탄압으로 무수한 희생자를 낳았던 1968년 10월 2일의 소위 '틀랄텔롤코 Tlaltelolco의 비극'으로 더 많이 기억된다. 1968년은 사실 전 세계적으로 혼돈의 시기였다고도 볼 수 있다. 기성세대의 사고와 전통을 거부하고 사회변혁을 외치는 대학생들의 사회에 대한 도전이 전 세계를 휩쓸고 있던 때였다. 프랑스를 비롯한 유럽대학에서의 반사회, 반문화 운동을 비롯해 일본 동경대학에서의 격렬한 저항운동 등이 그것이다.

 멕시코에서도 이러한 사회변혁을 추구하는 움직임이 대학을 중심으로 일고 있었다. 당시 구스타보 디아스 오르다스Gustavo Díaz Ordaz 정부는 노조나 사회 불만세력을 사전에 제거하기 위해 강력한 탄압정책을 시행하고 있었으며, 성공적인 올림픽 개최를 위해 심혈을 기울이고 있었던 때였다. 1968년 여름에 대학 자치권 침해에 대응하기 위해 '전국투쟁위원회Consejo Nacional de Huelgas'가 전국 70여 개 대학과 대학입시 준비학교를 중심으로 구성이 되었다. 이들은 3인 이상 집회를 금지하는 헌법조항 철폐, 전투경찰 폐지, 정치범 석방, 시위 부상자 보상, 과거 유혈진압 책임자 공개 및 치안 책임자 해임 등의 6개 요구사항을 내걸고 투쟁하고 있었다.

'틀랄텔롤코의 비극'은 대학생의 투쟁이 아닌 다소 엉뚱하게도 다른 곳에서 촉발되었다. 1968년 7월 시내에 있던 2개 직업학교 간에 패싸움이 일어났고, 급기야 소요로 번지자 전투경찰이 투입되었다. 진압과정에서 학교에 투입된 전투경찰은 무자비한 폭행으로 소요와 관련 없는 학생과 선생님들까지 연행하는 사태가 벌어졌다. 이에 학생권에서 정권의 무자비한 진압에 항의하고 시민 각계와 공조하면서 학생들은 버스 등 대중교통 수단에서 정부의 부패와 반민주적 폭정을 폭로하는 전단지 배포활동을 벌이면서 시민들의 지지를 당부한다. 하지만 당시 정권의 대응은 대학에 대한 탄압을 더욱 강화하는 것이었다. 9월에 들어 멕시코 국립자치대UNAM를 군이 점거했고, 군이 멕시코 국립공대IPN를 무력으로 점거하려다 저항하는 학생들과의 대치과정에서 15명 사망, 수십 명의 부상자가 발생하였다.

학생들의 저항은 극에 달했지만, 10월 2일 오후에는 약 1만 명의 학생들이 틀랄텔롤코에 있는 삼문화(三文化) 광장에 모여 평화적인 시위를 하기로 예정되어 있었다. 이 시위는 정부를 비판하는 강연자들의 연설을 듣는 것으로 기획되었다. 여기에는 학생들 뿐만 아니라 주변의 주민, 단순 참가자, 어린이 등 시위와 관계없는 시민들도 많이 있었다고 한다.

기록에 의하면 이날 오후 군 5천 명과 200여 대의 군용트럭과 경전차들이 삼문화 광장 주위를 둘러싸고 있었으며, 오후 5시 55분경 바로 인근에 있던 구외교부 건물에서부터 붉은 화염이 보였고, 이후 6시 15분경에는 헬기 2대로부터 녹색과 붉은색의 섬광이 일었다고 한다. 군의 발포였다. 멕시코 정부는 주변 건물에서 (시위대에 의한) 발포가 군의 대응사격을 촉발했다고 주장했으며, 이날 저녁 올림픽 대대라고 불리는 특수부대의 무자비한 발포와 진압으로 공식적으로는 44명이 사망한 것으로 기록되었으나, 목격자들의 증언에 따르면 3~4백 명이 사망한 것으로 알려져 있다.

학살 30주년을 맞는 1998년 당시 에르네스토 쎄디요Ernesto Zedillo 전 대통령은 의회에 진상조사를 명령하지만, 집권여당PRI의 저항과 비협조로 결과 보고서가 채택되지 못했다. 결국 2001년 제도혁명당의 70년 집권을 끊고 대통령에 당선된 비센테 폭스Vicnete Fox 대통령은 관련 문서 공개를 결정하고, 특별검사를 임명해 진상조사를 벌였다. 2006년 84세의 루이스 에체베리아 Luis Echeverria 전 대통령을 학살혐의로 체포하고 재판에 넘겼으나 2009년 항소심에서 연관성이 없다는 판결로 결국 누구도 책임지지 않는 역사적 사건으로 남게 되었다.

'틀랄텔롤코의 비극'과 관련된 자료를 읽다 보니 문득 1980년대 중반 대학생이었던 나는 당시 우리 사회의 민주화 운동을 생각하지 않을 수 없었다. 대학에 들어가서 비로소 알게 된 1980년 5월 광주에서 일어났던 민주화 운동의 비극을 비롯해 입학한 해인 86년에는 경찰 헬기까지 동원하며 진압했던 지금은 잊혀진 건대항쟁, 그해 가을 있었던 아시안 게임을 즈음한 질서유지 명목의 강력한 탄압, 이어 87년 박종철 고문치사 사건, 이한열 열사 최루탄 저격 사망사건, 6·10 민주항쟁 등 굵직한 사건들이 오버랩되면서 험난한 시절을 겪어온 아픔과 시련, 그리고 좌절, 희생자 가족들의 고통이 깊은 상처로 느껴지고, 한편으로는 오늘날의 민주화가 끝없는 투쟁과 희생 위에 가능했던 소중한 가치임을 새삼 느낀다.

18.
치안 악화와 산업계의 우려

멕시코가 조직 범죄단체로 인한 지속적인 치안 악화를 겪고 있다는 말은 많은 사람들이 종종 들었을 것이다. 해가 갈수록 치안이 악화된다고 많은 사람들이 평가하는데, 기업인들의 경우가 더욱 그러하다. 2017년에 들어 살인율이 마약 범죄단체와의 전쟁을 선포했던 과거 칼데론 정부 시기 때보다 더 악화되었다. 2017년 10월 살인율은 근래 20년 동안 최대치를 기록했는데, 한 달 내에 2,371명이 살해된 것으로 보고되었다. 방법도 잔인해져 상대방 조직원을 살해하고 다리에 매달아놓거나, 학교 크리스마스 학예회에서 아이들이 보는 앞에서 언론인이 살해되는 등 말로 형언하기 어려울 정도이다.

치안 문제는 이와 같이 조직 범죄단체에 의해 민생에 미치는 영향에 국한되는 문제가 아니다. 치안 문제는 업계에도 상당한 영향을 미치고 있다. 차량이나 철도를 통해 부품을 공급하거나 물량을 이동시키는 경우, 조직 범죄단체들은 트레일러를 통째로 탈취하거나 화물운송 기차를 습격해서 상당한 물품 손실을 끼칠 뿐만 아니라 부품 부족으로 생산에도 심각한 타격과 차질을 빚는다. 탈취되는 물품으로는 주류, 텔레비전 등 전자제품, 휴대전화기, 고가 소비품 등이 대표적이다. 이런 사정이다 보니 삼엄한 경비대를 동행시킬 수밖에 없어 물류비용이 상승할 뿐만 아니라 보험료도 천정부지로 치솟는다.

더욱이 도난된 상품들이 시장에서 저렴한 가격으로 유통이 되고 있어 기업들은 시장에서 저가의 도난된 자사제품과 경쟁을 해야 하는 아이러니가 발생하고 있다. 나아가 국가로써도 판매세 등을 거둘 수가 없어 세입 감소를 겪고 있으며, 외국인 투자에도 적잖이 부정적인 영향을 미치는 것이 사실이다. 특히나 미 트럼프 행정부의 장벽설치 압박 및 통상 압력, 그리고 좌파 성향의 오브라도르 정권의 출범 등을 감안하면, 기업인들로서는 단기간 내에 이러한 치안 위기에 대처할 수 있는 의미 있는 정부의 조치가 이루어질지에 대해 매우 회의적이다.

다수의 전문가들이 치안 불안의 근본적 대책으로 열악한 경찰 처우개선이 우선되어야 한다고 이야기한다. 현 상황에서 쉽게 부패하고 지역 마약조직과 음성적으로 연결되어 있어 치안 불안 문제가 해결되지 못하고 있다. 지난 2014년 43명 교대생 실종

사건에서 보듯이 특히 지방경찰이 범죄조직 단체와 결탁되어 있던 점이 이를 반증한다. 교대생 집단실종 사건 이후 페냐 니에토 전 대통령은 특단의 치안대책으로 전국 단위의 중앙집권적 경찰 시스템으로 변혁을 추진하였으나 자치권을 해친다는 명분의 지방정부들의 반대 등으로 의회에서 통과되지 못했다. 멕시코의 치안 문제는 근본적인 개혁이 필요할 것으로 보인다. 통계를 보면 2018년 12월 출범한 오브라도르 정부도 공약과는 달리 현재까지 치안 상황이 크게 나아진 것으로 보이지 않는다. 향후 특단의 조치를 기대해볼 수밖에 없을 것 같다.

19.
터널 왕국,
미국과의 접경지대

오늘날 마약의 최대 소비지는 미국이다. 미국으로 마약이 유입되는 주된 경로는 미국과 바로 인접한 멕시코이다. 사정이 이러다 보니 멕시코를 경유하는 마약유통을 담당하는 멕시코 내 마약 카르텔들이 활개를 치고, 이들 간의 갈등, 경쟁을 비롯한 마약재배, 유통에 필요한 인력확보 등의 문제로 멕시코의 치안 불안이 가중되는 원인으로 꼽히고 있다.

멕시코 내에서도 비밀리에 조직갱단에 의해 마약이 재배되고 있지만, 중남미 여타 국가로부터 들어오는 마약도 멕시코를 거쳐 미국으로 흘러 들어가는 구조이다. 이에 따라 지역별로 장악하고 있는 대표적 마약 카르텔들이 세력을 펼칠 수밖에 없고, 이들 수뇌부가 체포라도 되어 세력 약화가 생기면 곧바로 다른 세력 또는 대체세력 간의 치열한 세력다툼이 발생하기 때문에 치안은 더욱 악화되고 있다.

멕시코와 미국의 국경지역

그렇다면 멕시코로 집결된 마약들이 미국으로 어떻게 들어가는지도 궁금해진다. 전통적으로 육로로 위장해서 들어가는 방법도 있지만, 요즘은 비밀리에 소형 항공기로 국경을 넘어 투하하거나, 또는 드론을 이용하는 방법이 있다. 하지만 더 많이 이용되는 방법이 접경지역에서 땅굴, 터널을 뚫어 비밀리에 공급하는 방법이다. 미국과 멕시코는 3,000km 거리의 국경을 맞대고 있다. 이렇게 긴 국경장벽 중에 특히나 대다수 마약이 땅굴을 통해 운반되는 구간이 있는데 멕시코 북부에 있는 소노라 주이고, 여기서도 노갈레스라는 접경도시에 터널이 많기로 유명하다.

  멕시코측 노갈레스는 미국 텍사스 주의 노갈레스와 국경장벽을 사이에 두고 서로 마주보고 있는 도시이다. 이렇게 가깝다 보니 멕시코측 노갈레스 주택에서 뚫기 시작한 터널이 반대편 미국측 노갈레스까지 이어져 마약이 전달되는 통로로 많이 이용되었다. 현재까지 노갈레스 지역에서 발견된 땅굴만 해도 107개에 달한다고 한다. 원래 소노라 주가 광업으로 유명한 곳인데, 아마도 이러한 터널 파는 기술이 마약공급 루트용 땅굴 건설에 많이 활용되는 것 같아 기발하기도 하고 한편으로는 씁쓸하기도 하다. 이곳 거주민에 따르면, 이곳에 국경장벽이 세워진 것은 2007년 경이었다고 한다. 그 이전에는 말뚝과 철조망만 있어 주민들이 텍사스 지역 노갈레스로 물건을 사러 다녀오기도 했다고 한다. 이제는 더 이상 불가능할 뿐만 아니라 멕시코측 노갈레스 지역은 사실상 마약 카르텔에 의해 철저히 통제되고 있다고 한다.

　소노라 주와 아리조나 주 접경지역은 특히 전체 국경 중 마약 유입 비중이 절대적으로 크다. 미국 국경수비대 투싼 구역은 담당 구간이 약 262마일이 되는데 이 구간에서 단속되는 마리화나 몰수량은 전체 유입물량의 50%에 달한다고 한다. 2015년 통계를 보면 전체 국경에서 압수된 마리화나는 150만 파운드, 코카인 4,294파운드였는데 소노라 구간이 절반을 차지하고 있다. 멕시코 마약 카르텔 중 특히, 시날로아 카르텔이 국경을 통과하는 마약의 90%를 통제하고 있다.

　마약 카르텔들은 마약사업에만 관여하지 않는다. 이들의 주요한 사업거리 중의 하나가 바로 불법 월경자들을 넘겨주면서 돈을 갈취하는 일과 불법 무기거래이다. 미국을 불법 입국하려는 사람들은 국경까지 오는 데도 쉽지 않지만, 국경을 넘으려면 마약 범죄단체에 의지할 수밖에 없다. 국경까지 와서 이들에게 돈을 지불하지 못하면 노예처럼 일을 할 수밖에 없는데, 미국 국경수비대의 감시망에 도달하기도 전에 이들은 멕시코 마약 범죄단체에 의한 보이지 않는 또 다른 장벽을 직면할 수밖에 없는 아이러니한 현상이 일어나고 있다. 새로운 장벽건설을 주장하는 트럼프 정권에서는 이주자들의 미국행이 비용면에서나 성공 가능성면에서도 모두 어려움이 가중될 수밖에 없어 보인다.

20.
멕시코의 지진과 화산

지진 하면 우리에게는 2010년 일본의 후쿠시마 쓰나미나 최근 부쩍 빈도가 늘어 걱정이 되고 있는 경주, 포항을 비롯한 심상치 않은 국내 지진이 떠오를 것이다. 세계지도를 펼쳐놓고 보면 미주대륙의 서편인 태평양 연안의 북쪽에서 남쪽 끝까지 거의 모두가 지진대, 화산대임을 쉽게 볼 수 있다. 실제로 태평양 연안에 면한 나라 가운데 몇몇을 제외하고는 항시 지진과 화산의 위험을 안고 살아가는 지역들이다.

멕시코도 지진에 대한 공포와 위험이 늘상 삶 가운데 있다. 멕시코에서 살다보면 곳곳에 지진전조 발생시 이를 알리는 비상 사이렌이 설치되어 있는 것을 볼 수 있다. 실제로 종종 사이렌이 울리기도 하는데, 사이렌이 울리면 건물 내에 있는 모든 사람들이 바로 외부로 대피해야 한다.

멕시코가 워낙 면적이 넓어 다양한 지역에서 지진이 발생하곤 하는데 국립지진연구소의 기록을 보니 남부의 오아하카 지방에서 가장 많이 지진이 발생했고, 바하 캘리포니아, 게레로, 콜리마, 미초아칸 주를 비롯해 멕시코시티에도 수차례 지진이 발생되었다. 멕시코의 지진들은 대부분 리히터 기준 5 이상의 강진이기 때문에 상당한 인적, 물적 피해가 발생된다. 대표적인 강진은 1985년에 있었던 멕시코시티 대지진이다. 인근의 미초아칸 주를 비롯해 멕시코시티를 강타한 진도 8.0의 강진은 무려 최소 5천 명에서 최대 45,000명의 사망자를 냈으며, 3만 명 이상의 부상자와 수많은 이재민을 발생시켰다. 당시의 기록사진을 보면 시내에 있던 대다수의 건물이 붕괴되고 폐허가 된 처참한 모습이다.

1985년 지진은 멕시코시티 시내 중심부가 특히나 많은 타격을 입었는데 이전 건물들이 지진에 전혀 대비되지 못한 것에도 원인이 있었고, 또한 멕시코시티 시내 중심이 과거 호수지역이어서 지반이 상대적으로 약한 지형적 특성 탓도 있다. 이 지진을 계기로 내진 설계된 건물들이 새롭게 지어지기 시작했으며, 시내가 재단장되는 계기가 되기도 했다. 앞서 본 폴랑코 지역이 이 지진 이후에 더 새롭게 개발이 된 것은 다수의 기업이나 시민들이 상대적으로 더 안전한 지역으로 이동한 면이 있는데, 폴랑코 지역이나 인근 지형들은 과거 호수 외곽지역으로 산악지형과 연결되는 곳으로 지반이 시내에 비해 비교적 단단한 지역이기 때문이기도 하다.

멕시코에 있을 당시 시내 중심에서도 몇 번 지진 비상 사이렌을 경험한 적이 있는데, 한 번은 진도 4~5 정도의 멕시코에서는 비교적 경미하다고 할 수 있는 지진이 발생해 밖으로 대피한 후 옆에 있던 10층 정도의 빌딩을 보니 생각보다 상당한 정도로 휘청거리는 모습도 보았다. 다행히 그 당시에는 별다른 피해는 없었지만 멕시코 주택이나 건물들이 평소에도 보면 그리 단단하게 지어진 것처럼 보이지 않기도 하고, 시내에는 여전히 내진 설계되지 않은 오래된 건물들이 아직도 많이 남아있어 걱정스러웠던 기억이 있다.

멕시코를 떠난 이후 2017년 9월 7일 공교롭게도 1985년 대지진 32주년 기념일에 멕시코시티에 진도 7.1의 지진이 발생했는데 우리 교민들이 많이 있는 쏘나 로사 지역도 많은 피해를 입었다. 이 지진에서도 370명이 사망하고, 6천여 명이 부상을 입었으며, 많은 건물이 붕괴되는 등 피해가 적지 않았다. 이 과정에서 우리 교민 한 분도 건물 붕괴로 목숨을 잃는 안타까운 일도 발생하였다. 최근인 2020년 6월 23일에도 남부지방에서 7.2의 강진이 발생했으나 다행히 큰 피해는 없었다.

2017년 9월 멕시코시티 지진 피해 모습

포포카테페틀 화산

지진뿐만 아니라 화산도 멕시코를 위협하는 또 다른 자연재해 중의 하나이다. 멕시코 전역에 수없이 많은 활화산이 존재하지만 그중에서도 가장 잘 알려진 것은 '포포카테페틀' 화산이다. 이 산은 멕시코시티에서 남동쪽으로 70킬로미터 정도 떨어진 중부 푸에블라 주와 모렐로스 주에 걸쳐 있는데 높이 5,426미터로 멕시코 내에서도 두 번째로 높은 산이기도 하다.

포포카테페틀은 여전히 활동이 심한 활화산으로 에르난 코르테스의 정복 이후에도 20여 차례에 걸쳐 강력한 분출활동이 있었다고 기록되어 있다. 멕시코에 근무했던 2014~2017년간에도 7~8회에 걸친 분출활동으로 주변에 경계경보가 발령이 되고 불기둥과 화산재로 인한 피해가 언론에 많이 보도되기도 하였다.

멕시코는 미국과는 떼려야 뗄 수 없는 국가이다. 물리적으로 3,000킬로미터의 기나긴 국경을 마주하고 있기도 하지만, 과거 19세기 전쟁으로 국토의 절반 가까이를 뺏긴 질곡의 역사가 있고, 오랫동안 미국의 영향력 아래 뒷마당이 되기도 했다. 이렇게 그리 편치 않은 과거에도 불구하고 현재 멕시코 수출의 80% 이상이 미국으로 향하는 등 대미 의존도는 여전히 매우 높다.

제5장
―――
모순과 도전의 정치경제

1.
진퇴양난의 이민정책

지난 20세기 멕시코 이민정책의 특징은 외국 난민을 받아들이는 데 매우 관대했다는 점이다. 1930년대 스페인 내란이 발생했을 때 멕시코는 수많은 스페인 난민들을 받아들였다. 2차 세계대전 당시에는 나치의 학살을 피해 도망 온 난민들을 받아들였을 뿐만 아니라 20세기 후반 중남미 각국에서 벌어진 군부독재를 피해 도착한 중남미 난민들을 받아들이는 데 앞장서 왔다.

하지만, 이러한 멕시코의 난민정책도 상황 변화에 따라 변화가 감지되고 있다. 멕시코의 주요 일간지인 El Universal지에 따르면 난민신청 심사 적체가 심화되고 있다고 한다. 보통은 45일에서 90일 정도의 기간 내에 처리되어야 하는데도 상당한 기간 동안 지연되고 있을 뿐 아니라 2017년 9월 발생한 멕시코시티 지진 이후에는 예상되는 처리 기간이 없다고 할 정도로 더욱 처리가 느려졌다. 2013년부터 2017년 4년 동안 난민 신청건수는 30,249

건이었는데, 이중 90%는 온두라스, 엘살바도르, 그리고 베네수엘라 사람들이다. 2017년 난민신청이 대폭 늘어난 것도 한 원인이다. 2017년에는 2011년에 비해 무려 1,841%가 증가되었다. 2013~2017년간 난민 관련 통계를 보면 신청자 중 25%에 못 미치는 사람들이 난민허가를 받았고, 1/4 정도가 결정에 불복해 대기 중인 것으로 나타났다.

이민 문제는 각국의 주권사항이다. 각국의 고유의 권한이긴 하나 많은 인재(人災)나 자연재해 및 정치적 이유로 인해 중남미에서는 간과할 수 없는 문제이기도 하다. 미국을 가기 위해 멕시코를 거쳐가는 중미 여타 국가의 사람들이 많다. 이들은 열차의 지붕에 올라타 위험천만한 북상을 하곤 한다. 열차에서 자칫 떨어져 생명을 잃는 경우도 있고, 또 중간 중간 이들을 납치해 인신매매하는 범죄집단도 성행하고 있어 사회적 문제가 되곤 한다. 오바마 정권 당시 미국-쿠바 간 수교가 이루어진 이후 미국의 쿠바 난민 수용정책(마른 발 젖은 발 정책, 육로 경유 입국자만 망명을 허용하던 정책)이 변경되기 전까지 쿠바인들의 미국행 통로로 멕시코가 이용되었다. 그러나 기대하지 못했던 미국의 정책변경으로 이미 멕시코에 들어왔으나, 이제 더 이상 육로 입국이 허용되지 않아 오도 가도 못하는 딱한 사연의 멕시코 체류 쿠바인들의 이야기가 신문지상에 소개되기도 하였다.

최근 미국과 멕시코 국경에서 미국으로의 불법이민을 시도하는 사람들은 주로 중미 국가 출신들이고, 멕시코 사람들의 비율이 매우 낮다고 한다. 여전히 온두라스, 엘살바도르 등 여타 국가로부터의 불법이민 시도가 계속되고 있다. 이는 트럼프 대통령의 취임 전부터 라틴계 사람들에 대한 경멸, 불법이민자 2세 추방, 국경장벽 건설, 부모 미동반 미성년 입국자 귀환 등 날로 심해지는 폐쇄정책에도 불구하고 계속 이어지고 있다. 2018년에는 온두라스, 엘살바도르 등에서 출발한 이민 카라반이 멕시코-미국 국경장벽 통과를 시도했지만 결국 실패했다. 또 다른 이민 카라반들이 미국을 향해 출발하고 있지만 성공 가능성은 높아 보이지 않는다.

멕시코 입장에서 보면 자국민의 밀입국 시도자는 많이 줄었으나, 현재 미국에 있는 수없이 많은 동포, 이들 중 다수가 불법체류자임을 감안할 때 트럼프 대통령의 돌출적인 반이민정책에 대항해야 하는 가장 선두에 서있으면서, 동시에 자국을 통해 거쳐가려는 다른 중남미 국가 국민에 대한 인권보호가 미약하다는 비판을 받는 난처한 입장에 서있다. 미국에 대해서는 자국출신 이민자에 대한 공정한 대우를 주장하면서 자국 내 다른 중남미 사람들에 대한 공정한 대우를 제공해야 하는 가운데 모순적인 자세를 줄이고 이를 일치시켜 나가는 노력이 필요한 시점이다.

2.
롤러코스터 경기 변동

 2008년 세계 경제위기 이후 미국을 위시해서 세계 주요 국가들은 양적 완화, 즉 통화량을 늘려 유동성을 확대하면서 오랜 기간 저금리를 유지하였다. 과거 세계경제가 회복하면서 국제원자재 가격상승, 중국의 수요팽창으로 1차 자원수출 중심의 중남미 경제는 호황을 이루었으나, 중국의 연착륙에 따른 수요급감과 원유를 비롯한 원자재 가격의 급격한 하락은 다시금 경기회복의 희망을 저버리게 하였다. 2015년경부터 미국 경기가 다소 활성화되면서 미국 연방준비위원회는 10여 년 만에 처음으로 금리인상을 단행하였다.

 미국의 경기변동은 바로 인접국인 멕시코에게는 즉각적인 효과를 불러일으킨다. 더욱이 멕시코 수출의 85%가 미국에 편중되어 있는 구조여서 그 효과를 즉각적으로 받을 수밖에 없다. 수출뿐만 아니라 금융시장에서도 우려가 클 수밖에 없다. 그동안 상대적으로 미국보다는 높은 이자율을 유지해 외화를 멕시코로 끌어들였으나, 미국의 금리인상 조치로 높은 수익을 찾아 자금이 미국으로 빠져 나갈 수밖에 없다. 신흥국 시장들이 매우 우려할 사항인데, 특히나 멕시코의 지리적 인접성이나 지나치게 높은 교역구조 편중면에서 국내 금융시장이 더욱 취약할 수밖에 없다.

멕시코 중앙은행은 2015년 이후 미국의 금리인상에 따라 방어적인 차원에서 미국과 같은 수준의 금리인상을 수차례 단행해야 했다. 2015년 12월 이래 2017년까지 무려 12차례에 걸쳐 금리인상을 단행했고, 이후에도 금리인상은 계속되어 2015년 말 2.25%에서 2018년 말에는 무려 8%에까지 치솟았다. 그러나 2019년 이후부터는 미국-중국 간 무역갈등 격화, 미국의 대멕시코 통상압력 등의 요인으로 경기가 다시 침체 우려가 생기자, 멕시코 중앙은행은 2019년 8월부터 다시 금리를 인하하기 시작했다. 2019년에만 4번의 인하조치를 단행했고, 코로나19 사태로 인한 경기 급랭이라는 복병을 맞아 지속적인 금리인하에 나서 2020년 6월 말에 9번째 인하조치로 금리는 5.0%까지 낮추었으나 아마도 추가적인 금리인하가 불가피해 보인다.

이에 따라 인플레도 2018년 말 근래 최대치였던 6.77%에서 2020년 5월 기준 2.84%로 낮아졌다. 적어도 수치상으로는 최근 1~2년 사이에 안정된 모습이지만 실제로는 경기침체와 특히, 코로나19 사태로 인한 경기침체와 경제성장 위축의 결과이다. 대부분의 신흥 개발도상국들이 세계경기에 민감하지만, 특히나 멕시코 경제는 앞에서 말한 대로 미국의 경기변동에 더욱 민감하게 엮여 있는 취약한 구조여서 단기간에도 변동이 심하다. 앞으로도 멕시코의 경기변동은 변화가 많을 것으로 보이는 만큼 멕시코 정부의 대응도 쉽지 않은 도전이 될 수밖에 없다.

3.
낮아도 너무나 낮은 최저임금

멕시코도 최저임금제를 시행하고 있다. 우리나라와 비슷하게 각계 의견을 수렴한 후 최저임금위원회에서 매년 다음해 시행될 최저임금을 정해 발표한다. 우리나라와 다른 점은 우리가 매년 8월 발표하는데 비해 멕시코는 매년 11월에 이를 발표하고, 12월부터 시행한다. 2017년 우리나라는 신정부 출범 이후 정규직 전환과 최저임금이 대폭(16%) 인상된 데 이어 2018년에도 10.9% 인상으로 근로자들의 권익이 대폭 향상되었으나 후폭풍도 만만치 않은 경험을 하고 있다.

멕시코의 최저임금제도와 관련해서는 놀라운 점이 두 가지 있다. 첫째, 최저임금 수준이 낮아도 너무 낮다는 것이고, 둘째, 오히려 기업들이 나서서 최저임금 인상을 거론하고 있다는 점이다. 2017년 11월 말 발표된 2018년도 최저임금은 전년도에 비해 10.4%가 인상된 88.36페소로 전년도의 80.04페소보다 8.32페소가 올랐다. 88.36페소면 2017년 말을 기준으로 환산했을 때 우리 돈으로 약 4,870원가량이 된다. 정말 놀라운 것은 5천원이 채 안 되는 이 최저임금이 시급이 아니라 일당 기준이라는 것이다.

멕시코에는 사회개발정책평가원CONEVAL이라는 기관이 있다. 이 기관에서 산정한 최저 복지라인이 있는데 그에 해당하는 금액은 95.24페소, 한화로 약 5,240원 정도이다. 우리 돈으로 보면 얼마 차이나지 않지만, 전년도에 비하면 근 19% 인상에 해당된다. 사회개발정책평가원에 따르면 위엄 있는 삶을 영위하기 위해서는 하루에 94페소(약 5,170원)가 필요하다고 하는데, 산출 근거로는 교통비 7.7페소(423원)/1일, 식료품비 46페소(2,530원)/1일, 의복, 구두, 악세사리에 178페소(9,790원)/월이다.

최저임금위원회에 사측의 대표로서 참석한 전국경영자협회 COPARMEX는 사회개발정책평가원이 제시한 최저 복지라인에 해당하는 금액 수준으로 최저임금을 인상해야 한다는 주장을 했으나 채택되지 않았다고 한다. 사측에서 최저임금 인상을 주장했다는 것이 언뜻 상식적으로 이해되지 않는 일이다. 어쨌든, 전국경영자협회는 이번에 인상된 최저임금은 최저 복지라인의 92.76% 정도만 커버할 뿐이나 현재의 84%에 미치는 수준에 비하면 제한되긴 했으나 진전이라는 평가를 내놓았다. 이 금액이 1일 최저임금으로 한 달을 꼬박 일해도 최대 월 15만원 정도로 살아가기란 지난한 삶이라고 할 수밖에 없다.

그동안 얼마나 진전이 있었는지 2020년 최저임금을 알아보니 멕시코 노동부는 2019년 대비 20%를 인상했다. 위에서 본 2018년도의 88.36페소에 이어 2019년에는 102.68페소, 2020년에는 123.22페소로 인상되었다. 하지만 환율도 상승해서 2020년 6월 기준으로 계산해보니 2020년 최저임금은 우리 돈으로 6,500원 정도였다. 2018년도의 4,870원보다는 많이 향상되었다고는 하지만 여전히 시급이 아닌 일당이라는 면에서는 아직도 낮은 수준임은 분명하다. 금년도 인상에 대해 사용주 대표는 최저임금이 월별 개인최저생계비를 넘어선 진전이 있었다고 평가했으나, 2019년에 발표된 월별 개인최저생계비는 3,150페소로 우리 돈으로 168,000원 정도인데 2018년에 비해 그다지 차이가 나지 않는다. 멕시코에는 매우 부유한 사람들도 많지만, 최저임금에 적용되는 사람들이 대다수이다. 더욱 어려운 점은 이러한 최저임금 제도의 적용도 받지 못하는 비공식 경제활동에 종사하는 사람들도 많다는 점이다. 멕시코 국민들의 경제수준과 복지가 빠른 시일 내에 향상될 수 있기를 기대해본다.

4.
무려 3천 킬로미터의 국경

멕시코는 미국과 무려 3천 킬로미터가 넘는 국경을 맞대고 있다. 정확히는 3,185킬로미터로 서울에서 부산까지 거리를 보통 450킬로미터라고 할 때 거의 7번을 왕복하는 거리에 해당한다.

이 긴 국경은 서쪽 태평양에서부터 동쪽 멕시코 만까지 이어지는데, 멕시코에서는 티후아나市부터 동쪽 타마울리파스 주의 마타모로市까지이고, 미국에서는 샌디에고의 임페리얼 해변으로부터 텍사스에 있는 카메룬市까지이다. 그 사이에는 콜로라도 강, 리오 그란데 강(멕시코에서는 리오 브라보 강으로 부른다.)이 지나며, 멕시코의 치와와 사막과 소노라 사막도 지난다. 국경이 통과하는 양측의 洲도 많아서 미국측에서 보면 캘리포니아 주, 애리조나 주, 뉴멕시코 주, 텍사스 주 등 4개의 주가 멕시코와 국경을 마주보고 있고, 멕시코측에서 보면 바하 캘리포니아 주, 소노라 주, 치와와 주, 코아우일라 주, 누에보 레온 주, 타마울리파스 주

등 6개의 주가 미국과 국경을 접하고 있다.

이렇게 광대하다 보니 그동안 모든 곳에 장벽이 설치된 것이 아니어서 많은 사람들이 불법 월경을 해서 입국하는 경우가 많았다. 이 과정에서 코요테라고 불리는 불법 밀입국 브로커들을 따라 입국하기도 하고, 또 이들에 속아 인신매매 조직에 팔리기도 하고, 무모하게 사막이나 강을 건너다 사망하는 경우도 수두룩하다. 물론 티후아나를 비롯한 여러 접경도시에서는 합법적으로 국경을 넘는 사람들도 많다. 멕시코에 거주하면서 인근 미국지역에서 근무를 하거나, 학교를 다니거나, 양쪽을 오가며 사업을 하는 사람들도 많이 있기 때문이다.

하지만 2016년 당선된 트럼프 대통령이 특히나 멕시코 사람들을 범죄자로 낙인찍고 추방 위협과 함께 불법 유입을 막기 위한 거대한 장벽건설을 천명하고 건설비용을 멕시코에 부담시키려 한 것은 잘 알려진 사실이다. 물론 멕시코로부터 비용을 받아내지는 못했지만 트럼프 정부는 장벽 모델을 선정하고 건설을 추진하고 있으며, 관련 예산 확보를 위해 의회와 대립 중이다. 더욱이 2018년 후반기에 중남미 이민 카라반 행렬이 온두라스 등지로부터 출발해 과테말라, 멕시코를 거쳐 미국 국경에 다다르자 트럼프 행정부는 중미 국가들에게 압박을 가하면서 국경지대 군인배치 등 강력한 저지 행동을 취하기도 했다.

비록 최근에는 불법 입국자 중에는 멕시코 사람들이 줄어들고 여타 중남미 사람들이 많이 늘고 있다고는 하지만 1,100만이나 되는 동포 이민자가 미국에 있는 멕시코로써는 미국의 이민조치 강화는 여러 모로 민감하고도 불편한 이슈이다. 어렸을 때 불법 이민으로 미국에 들어온 어린이들이 학업을 마칠 수 있도록 체류를 허용해주던 '미성년 입국자 추방 유예제도Deferred Action for Childhood Arrivals, DACA'가 트럼프 행정부 들어서 폐지되면서 미국 내에 있는 멕시코 이민자들을 포함한 많은 이민자들이 가슴 졸이며 추방의 위험 속에 불안한 날들을 보내고 있다.

5.
세계 최고의 부자, 카를로스 슬림

2018년 Forbes 기준 세계 부자 순위에 7위에 기록되어 있지만, 과거 2010~2013년간 세계 최고의 부자가 미국이 아닌 멕시코 출신이어서 사람들을 놀라게 했는데, 그 장본인이 바로 카를로스 슬림Carlos Slim이다. 카를로스 슬림의 현재 자산 가치는 약 613억 달러(약 67조원)에 이르고 있으며, 통신, 의료, 교통, 부동산, 방송, 에너지, 호텔, 교육, 스포츠, 금융 등 산업 전반에 걸쳐 회사를 보유하고 있다. 그의 재산은 멕시코 상장 주식의 40%, 멕시코 국내 총생산의 6%를 차지한다고 한다. 미국의 유명한 신문사인 The New York Times의 주식도 17%나 보유하고 있다.

카를로스 슬림의 풀네임은 카를로스 슬림 엘루Carlos Slim Helu이다. 그의 아버지 성인 Slim과 어머니 성인 Helu는 멕시코의 전형적인 성이 아니다. 모두 아랍계 성이다. 그의 부모는 레바논계 출신이다. 그의 부친인 Julian Slim Haddad는 1900년대 초에 멕시코로 이민을 와 건어물 장사로 성공 기반을 잡았고, 1920년 혁명기에 과감한 부동산 투자로 크게 성공을 거둔 사람이다. 카를로스 슬림은 어려서부터 아버지로부터 직접 금융, 경영, 회계 및 경제동향 파악과 관련한 교육을 받았다고 한다. 11세경부터 정부 국고채 투자를 시작해 어린 나이에도 주식매매를 통해 수익을 내는 등 소질을 보였다고 한다.

많이 알려져 있지만, 그의 성공에는 남다른 기회 포착, 그리고 인적 관계를 활용한 기업 확장이 주된 요인으로 알려져 있다. 1982년 멕시코 주가폭락 당시에 카를로스 슬림은 안목을 갖고 도산을 맞이한 다수의 우량기업들을 싼값에 인수했다. 결정적으로 90년대 초반 멕시코 정부가 대대적인 국영기업 민영화를 추진할 당시 독점적 거대 통신기업이었던 멕시코 국영전화회사 텔멕스Telmex를 인수한 것이 거대성장의 기반이 되었다. 이에 대해 당시 카를로스 살리나스Carlos Salinas 대통령 정권과의 각별한 친분관계가 없었더라면 거대한 경제제국을 이루지 못했을 것이라는 지적도 있다. 어쨌거나 그는 멕시코를 대표하는 거대한 기업인으로 확실한 자리매김을 하고 있고, 정경유착 비난에도 불구하고 미래에 대한 안목과 동물적 투자본능과 함께 검소한 생활습관이 그의 성공을 뒷받침했다고 평가를 받고 있다.

다른 한편으로는 사람들은 그의 문어발식 확장으로 하루의 경제생활 중 그의 경제영역을 피해갈 수 없다는 의미에서 슬림제국Slimlandia이라고 비난하기도 한다. 그의 기업들은 지나친 독점이익을 누리고 있으며, 특히 Telmex 전화회사가 독점을 빌미로 OECD 국가 중 가장 높은 요금을 책정해 과도한 이윤을 내고 있고, 무모한 기업 확장으로 중소기업의 생존을 불가능하게 한다는 비판도 많다. 이런 비판에 대해 카를로스 슬림은 남들이 뭐라고 하는지 일일이 신경을 쓰며 산다면 이미 그것은 죽은 삶과 다름이 없다고 하면서 남들이 나를 어떻게 기억해주는가 생각하며 살 생각은 없다고 단호히 말한다. 여러 비난에도 불구하고 그의 경제적 성공은 확고부동하다. 카를로스 슬림은 빌게이츠나 워렌 버핏과 같이 대규모 공개적인 기부약속에 대해서는 부정적이지만, 나름 상당히 많은 돈을 자선사업에 사용하고 있다고 전해진다.

6.
새로운 도전,
로페스 오브라도르 정부 출범

2018년 7월 1일 멕시코에서는 대통령 선거가 실시되었다. 선거는 예전과 다르게 오랜 동안 우파 정당의 집권에서 좌파성향의 인사가 당선되었다는 게 특징이었고, 또한 미국과의 어려운 관계에서 미국과 별로 친하지 않은 인사가 당선되었다는 것도 또 하나의 특징이라고 할 수 있다.

멕시코는 1929년 이후 제도혁명당PRI, Partido Revolucionario Institucional 이라는 정당이 2000년 PAN당에게 정권을 넘겨주기 전까지 약 70년을 지배해왔으며, 2000~2012년간 두 번의 PAN당 집권 이후 2012년부터 2018년까지 PRI가 정권을 재탈환하여 집권해왔다. 하지만 PRI당의 재집권은 이루어지지 못했다. PRI당은 대선에서 매우 저조한 성적으로 상하원 의석을 대거 상실하며 정권을 넘겨주었다.

이번에 대통령으로 당선된 로페스 오브라도르(그의 풀네임은 안드레스 마누엘 로페스 오브라도르이며, 풀네임의 약자를 따서 AMLO라고 부른다.)는 특이한 경력의 소유자다. 우선 멕시코시티 시장을 지냈고, 대선 3수만에 당선되었다. 과거 대선에서도 선거 결과에 굴복하지 않고 오랫동안 소칼로 광장에서 불복 운동을 벌인 바 있다. 로페스 오브라도르는 좌파 포퓰리즘 정치인이라고 알려져 있다. 그는 선거유세가 시작되기 오래전부터 민중을 향한 선심성 행보를 이어왔다. 불법선거 혐의도 많이 받아왔으나 별달리 문제가 되지 않았다. 그의 활동을 뒷받침하는 재원의 출처에 대해서도 많은 사람들이 의구심도 가졌었다. 하지만 선거를 앞두고 갈수록 유화된 제스처를 보이고 완화적인 정책제안으로 PRI당을 큰 폭의 차이로 누르고 선거에서 승리를 거둔 것이다.

새로운 멕시코의 대통령 당선자로서 AMLO가 헤쳐가야 할 과제는 무얼까? AMLO 스스로가 지적하듯이 마약조직과 연계된 치안문제의 해결, 부패근절, 미국과의 관계설정이 될 것이다. 세 개를 꼽았지만 모두 멕시코를 특징짓는 고질적인 문제들이다. 멕시코의 공식통계가 보여주듯 2017년 한 해 살인건수는 25,324건이다. 지난 1년 기간 동안 선거와 관련해 살해된 정치인만도 145명이나 된다. 지방의 치안 사정은 더욱 열악하다. 주로 지방에 세력권을 두고 있는 지역 마약 카르텔들이 정부 공권력을 압도하고 영향력을 가지고 있기 때문이다.

전 세계 최대의 마약 소비지인 미국으로 마약이 공급되는 거의 유일한 루트가 멕시코가 되다 보니 전국 각지에서 마약 범죄단체 간의 사활을 건 투쟁이 빈발하고 이에 따른 보복살인, 이권개입 등으로 다수의 지방에서의 치안은 유명무실한 상태가 태반이다. 따라서 근본적인 치안문제 해결책은 마약유통을 통제하는 데 있다. 이를 해결해야 하는데 이미 고착화되어 버린 마약 카르텔들을 척결하는 문제는 도무지 쉬워 보이지 않는다. 멕시코의 이전 정권들도 이러한 문제해결을 위해 극단적인 방법을 사용하기도 했다. 지난 10여 년간 치안 유지를 위해 군을 투입하는 극단적인 방법도 써왔다. 하지만 이런 문제들은 해결되기는커녕 오히려 높아진 살인율이 그 역효과를 말해준다. 그 과정에서 군인들에 의한 인권유린 사례도 많이 발생하는 부작용도 만만치 않았다. 새로운 대통령 AMLO는 일단 치안문제에 있어 군 개입을 하지 않겠다는 의사를 밝혔다. 군 개입 대신 어떤 식으로 치안문제를 해결해 갈지 지켜볼 일이다.

　이외에도 생각해볼 수 있는 문제는 빈곤층 감소, 빈부격차 해소를 위한 소득배분, 지역 간 균형성장, 교육수준 향상, 의료보건체계개선 등을 꼽을 수 있겠다. 멕시코는 1.2억의 많은 인구와 광활한 영토, 풍부한 자원, 비교적 양질의 노동력, 낮은 임금수준, 세계 제1의 광대한 소비시장인 미국과 인접성과 이에 따른 물류비용상 이점 등을 고려할 때 그 어느 나라보다 성장 가능성이 높은 나라라고 할 수 있다. 다만 이를 저해하는 것이 바로 치안불안과 부패문제인데 비난을 많이 받은 페냐 니에토 전 정권에서도 전국단일 경찰제 도입 시도 등 나름 노력을 기울였으나 만연해 있는 부패와 마약 범죄조직과의 결탁, 이에 따른 심각한 정도의 치안상태를 생각해보면 전 정권의 노력이 당초에 무리수였을 수 있다고도 보인다.

53%라는 압도적인 찬성표로 당선되었지만 AMLO 대통령도 말처럼 쉽게 이 문제들을 해결할 수 있는 것은 결코 아니다. 이전 정권에 대해 치열하게 비판하고 대안을 준비해온 만큼 이제는 구조화된 치안과 부패문제를 척결하고 다시 떠오르는 멕시코가 되어주기를 진심으로 기대해본다. 멕시코는 선거실시 이후 취임까지 준비기간이 길다. 7월 1일 선거를 거쳐 12월 1일에 취임한다. 약 5개월의 준비기간을 거쳐 2018년 12월 1일에 로페스 오브라도 정부는 공식적으로 출범했다. 이 글을 쓰는 2020년 6월 현재, 정부 출범 이후 1년 6개월이 지난 시점이어서 아직 평가하기 어렵지만 공약을 적극적으로 이행하여 신정부의 멕시코가 중남미의 거인으로 더욱 기지개를 펴나가기를 기대한다.

7.
새로운 미국-멕시코-캐나다 무역협정(USMCA)

 2016년 미국의 트럼프 대통령의 당선은 많은 사람들에게 놀라움을 주었다. 자국 중심의 독단적 외교정책은 다수의 사람들에 의한 비난의 대상이 되었음에도 불구하고, 트럼프 대통령은 실제 현실에서 이러한 정책들을 강행해 실로 많은 나라들을 어려움에 빠뜨렸다. 미국의 정권변동으로 크게 영향을 받는 국가 중의 하나가 바로 멕시코이다. 트럼프 대통령은 유세 때부터 멕시코 사람들을 범죄자로 취급하는 발언을 하기도 했고, 불법이민자 유입을 막기 위한 장벽건설 비용을 멕시코가 부담해야 한다는 막말을 서슴지 않고 반복했다.

 특히나, 트럼프 정부는 1994년 체결되어 회원국 모두 큰 혜택을 받아온 것으로 평가되어 온 북미자유무역협정NAFTA을 미국에게 유리한 방향으로 개정하기 위해 협정 파기라는 초강수를 두면서 압박을 가해 결국 새로운 개정 협정을 체결토록 만들기도 했다. 북미 3국은 어려운 협상과정을 거쳐 2018년 9월 30일 NAFTA를 대체하는 새로운 무역협정인 United States-Mexico-Canada Agreement(USMCA)에 합의했다. 쉽게 예측할 수 있듯이 이 협정은 미국에 유리한 방향으로 개정된 것이었는데 대표적인 것이 미국 외에서 생산되는 자동차나 자동차 부품이 미국으로 수입될 경우 무관세 혜택을 받기 위해서는 보다 많은 미국산 부품이 사용되도록 원산지 규정을 강화한 점이다.

구체적으로 말하면 원산지 규정 강화는 역내가치비율 75%, 북미산 철강 및 알루미늄 70% 이상을 충족하는 경우 완성차 260만대, 부품의 경우 멕시코산은 1,080억 달러, 캐나다산은 324억 달러까지 관세를 면제해주기로 했다. 역내가치비율은 기존 NAFTA가 62.5%이었던 것에 비하면 무려 12.5%가 높아진 셈이다. 이것만이 무관세 혜택의 조건이 아니다. 새로운 조건이 추가되었는데 노동 부가가치 기준이 그것이다. 이는 자동차의 일부 부품을 생산하는 인력의 임금이 동시에 특정 수준(시간당 16달러)에 달해야만 무관세 혜택을 받을 수 있는 것으로 합의되었다. 이외에도 미국이 우위에 있는 투자, 디지털 무역, 지적재산권, 노동, 환율 등에서도 적용규범을 강화함으로써 자국에 유리한 환경을 만들었다.

한때 멕시코는 미국의 공세적 입장에 의연히 대처하면서 오히려 미국 남부의 축산 농가가 멕시코 옥수수나 곡물류에 많이 의존하고 있는 상황을 감안하여 보복 가능성도 언급하기도 했지만, 웬일인지 누가 보아도 불리하게 전환된 조건으로 협정에 서명한 것이 잘 이해가 되지 않는다. 새로운 정권이 출범하는 멕시코로써도 비록 국내적으로는 미국에 대항할 수단이 많다는 식의 자신감을 의도적으로 보이면서도 사실 트럼프의 무모한 반멕시코적 정책을 그냥 무시할 수만은 없기 때문에 최대한 이익을 방어하는 선에서 이를 마무리하는 것이 아닌가 생각된다. 어쩌면 지금 당장은 미국의 이익을 많이 보장해주는 방향의 새로운 무역협정에 서명을 했지만, 멕시코 입장에서는 장기적으로 미국 내 정권변화를 비롯해 미국의 높은 멕시코 의존도를 생각해볼 때 그리 멀지 않은 장래에 자신들에게 유리한 방향으로의 전환이 가능할 것이라는 계산법을 갖고 있는지도 모를 일이다. 새로운 USMCA 협정은 세 나라의 국내 비준절차를 거쳐 2020년 7월부터 발효되었다.

8.
미국 인구의 10%가 멕시코계

멕시코는 미국과는 떼려야 뗄 수 없는 국가이다. 물리적으로 3,000킬로미터의 기나긴 국경을 마주하고 있기도 하지만, 과거 19세기 전쟁으로 국토의 절반 가까이를 뺏긴 질곡의 역사가 있고, 오랫동안 미국의 영향력 아래 뒷마당이 되기도 했다. 이렇게 그리 편치 않은 과거에도 불구하고 현재 멕시코 수출의 80% 이상이 미국으로 향하는 등 대미 의존도는 여전히 매우 높다.

"불쌍한 멕시코, 신으로부터는 너무나 멀고, 미국과는 너무 가깝구나." 1910년 멕시코 혁명 당시 포르피리오 디아스Porfirio Díaz 대통령이 멕시코를 떠나 망명길에 오르며 당시 멕시코의 처지를 한탄하면서 한 이 말은, 한 세기가 지났지만 여전히 멕시코와 미국과의 관계를 잘 표현하고 있다.

미국과의 밀접한 관계는 미국 내에 거주하고 있는 멕시코 이민자와 미국 내에서 태어난 멕시코 후손들을 합하면 미국 전체 인구의 약 10%를 차지하고 있는 것으로도 알 수 있다. 2017년 미국 전체 인구가 3억 2,570만 명으로 추산되는데 멕시코계가 3,625만 명을 기록했다. 멕시코 외교부 산하 해외동포재단의 자료에 따르면, 이중 멕시코 태생 이민자가 약 1,151만 명, 미국 내에서 태어난 멕시코계가 2,473만 명인 것으로 조사되었다.

이들 멕시코계 미국 거주자들을 출신 주별로 분석해보면 미초아칸 주, 게레로 주, 과나후아토 주, 할리스코 주, 푸에블라 주, 오아하카 주 등의 순이었다. 통계에 따르면 직업별 구성은 교육, 의료, 사회복지 분야(16%), 예능, 숙박, 식료 분야(14%), 건설 분야(12%), 소매업(11%), 제조업(11%), 과학행정 등 전문직(10%), 수송창고업(5%), 농업, 수산업, 광업(5%), 금융보험 임대(4%), 도매업(3%) 등의 순이었다. 미국 내에서 멕시코계 미국 거주자들이 많이 사는 지역으로는 캘리포니아, 텍사스, 일리노이, 뉴욕, 플로리다 순이었다. 이들의 평균 연령은 27세에 불과해 매우 젊은 층이 주축이 되고 있어 앞으로 이들이 미국 내에서 차지하는 비중은 더욱 확대될 것으로 보인다.

이렇게 많은 멕시코계가 미국 사회에 거주하고 있다 보니 멕시코 정부도 재외국민 보호를 위해 미국 각지에 다수의 영사관을 운영하고 있다. 미국 내에 있는 멕시코의 총영사관의 수만 해도 무려 50개에 이른다. 미국에서 추방되는 사람의 숫자도 멕시코 사람들이 최고이고, 또 트럼프 대통령의 집권으로 멕시코 사람들이 범죄자로 취급되고 추방 위협을 받는 등 이래저래 멕시코 사람들의 미국 내 입지는 점점 어려워져만 가고 있다. 한편에서는 멕시코계 사람들을 추방하면 많은 주에서 생산활동이 멈추게 되어 대규모 추방은 현실적으로 불가능하다고 주장하는 사람도 있다. 또 일부 주에서는 파업으로 실력행사를 해보기도 하지만 어쨌거나 새로운 삶을 찾아 떠난 사람들과 미국에서 태어난 멕시코계 사람들의 삶은 불안할 수밖에 없다.

9.
세 번째로 많은 외화 수입원

멕시코는 자국에 유입되는 외환 가운데 해외에 거주하는 멕시코 사람들이 국내로 보내오는 송금이 상당히 높은 비율을 차지하는 특이한 국가이기도 하다. 앞에서 본 대로 미국 내 멕시코 이민자와 미국태생 멕시코 후손들을 모두 합하면 3,600만 명이 넘는다. 2017년 전 세계 해외에 거주하는 순수 멕시코 태생 이민자들의 수가 1,184만 명이었는데, 이중 무려 97.21%인 1,151만 명이 미국에 거주하고 있다. 해외 거주자들이 국내에 있는 가족과 친지들에게 송금하는 액수가 무려 연간 300억 달러에 육박한다. 이는 외화 소득면에서 석유 수출과 외국인 직접투자 다음으로 가는 큰 규모이다.

2018년 12월 멕시코 중앙은행의 발표에 따르면, 2018년 10월에만 해외송금 수신액이 전년도 같은 기간에 비해 3.4%가 증가한 19.4억 달러에 달했다. 특이한 점은 10월 달의 전달 대비 송금

증가율만 보자면 2017년 10월 달에 비해 낮았다. 그 이유는 2017년의 경우 멕시코 지진의 여파로 피해를 도우려는 송금이 비정상적(28.4억 달러)으로 증가했기 때문이라고 중앙은행은 분석했다.

경제적 불확실성과 미국과의 어려운 통상관계에도 불구하고 해외 거주자들의 국내 송금은 계속해서 증가세를 유지하고 있다. 2017년부터 연간 송금액 규모는 300억 달러를 넘었다. 2017년 302억 달러, 2018년 336억 달러, 2019년에는 360억 달러였다. 2020년 들어 1월부터 5월 말까지 송금액은 155억 달러로 연말까지 작년 수준에 도달할 것으로 보인다. 특이한 점은 2020년 3월의 송금액이 평소보다 12~14억 달러나 더 많았다. 아마도 코로나19 사태로 멕시코도 본격적으로 감염이 확산되면서 국내에 있는 가족들의 건강을 우려한 송금 증가였을 것으로 보인다.

한 가지 흥미로운 현상은 여성 이민자에 의한 송금이 계속 증가하고 있다는 점이다. 미국의 통계에 따르면 멕시코 이민자 가운데 여성이 차지하는 비율은 2007년 44.1%에서 2017년 48.1%로 증가했다. 같은 기간 동안 전체 멕시코 이민자 숫자는 줄었음에도 불구하고 멕시코 여성 이민자 숫자는 오히려 늘었다. 다시 말해 멕시코 남성 이민자는 줄어드는 반면에 여성 이민자는 증가했다.

그 이유는 아마도 멕시코 여성들이 미국으로 이민을 가기에 사회 여건이나 환경이 예전보다 수월해졌다고 볼 수 있으며, 또 다른 한편으로는 남성들에 비해 여성들이 받는 양국 간 임금 수준의 차이가 더 크기 때문인 것으로도 보인다. 어찌 보면 해외거주 멕시코 사람들의 본국 송금 동향을 통해서도 멕시코 사회 내의 여성 저임금 현상이 많은 멕시코 여성들을 이민의 길로 떠나게 만드는 것이 아닐까라고 생각해볼 수 있다. 국내적인 남녀 간 임금격차의 해소와 함께 전반적인 경제발전은 미국으로의 이민을 강구하지 않는 인센티브가 될 것으로 생각되지만, 특히나 트럼프 집권 이후 미국과의 관계 악화, 코로나 사태로 인한 경기침체 가능성에 비추어 당분간 국내 여건의 급격한 개선을 바라기는 어려운 것이 현실이다.

10.
세계 최장수 집권당, 제도혁명당(PRI)

멕시코의 정당들 가운데 세계에서 그 유래를 찾아보기 힘든 기록을 가진 정당이 있다. 바로 제도혁명당PRI, Partido Revolucionario Institucional인데 역사상 장기간 집권했던 기록으로 유명하다. 제도혁명당은 1929년부터 2000년까지 무려 71년간을 연속적으로 집권했다. 2000년과 2006년 선거에서 국민행동당PAN, Partido de Acción Nacional에 의해 연거푸 선거에서 패배했고, 2012년 선거에서 다시 정권을 찾았지만, 2018년 7월에 실시된 선거에서 국가재건당MORENA의 안드레스 마누엘 로페스 오브라도르Andres Manuel Lopez Obrador 후보에게 크게 패해 다시 한 번 정권을 내주며 그 세력이 매우 줄어들었다.

제도혁명당은 1910년부터 1920년까지 이어진 멕시코 혁명의 거두라고 자칭했던 당대의 지도자였던 플루타르코 엘리아스 카예스Plutarco Elias Calles에 의해 1929년 설립되었다. 당 창설 취지는

10여 년에 걸친 멕시코 혁명 이후 혁명 지도자나 혁명 참여자에게 정치 참여의 입지를 제공하기 위한 것이었다. 1928년 대통령 당선자였던 알바로 오브레곤Álvaro Obregón이 암살되면서 초래된 정치적 위기를 타계해 나가기 위한 것이었다고도 한다.

당 설립자였던 엘리아스 카예스는 1936년 망명의 길을 떠나지만, 제도혁명당은 2000년까지 정권을 잡으며 긴 생명력을 보여주었다. 제도혁명당이라는 이름이 처음부터 사용되었던 것은 아니고 2번의 당명 개명을 통해 현재의 당명을 사용하고 있다. 당초의 당명은 국가혁명당PNR, Partido Nacional Revolucionario이었는데 1929년부터 1938년까지 사용되었다. 1938년 멕시코혁명당PRM, Partido de la Revolución Mexicana으로 개명되었고, 1946년에 현재의 당명인 제도혁명당PRI, Partido Revolucionario Institucional으로 다시 개명하고 지금에 이르고 있다.

당 명칭에 혁명이라는 단어가 들어가 있어 좌파로 생각하기 쉽지만, 사실 제도혁명당은 1980년대 이후 민영화, 자본주의 시장경제, 카톨릭 교계와의 화해 등 중도우파의 성향을 띠고 있다. 오히려 1980년대 말에는 당내 좌파 성향의 인사들이 중도우파 성향에 반발하면서 탈당하여 민주혁명당PRD, Partido de la Revolucion Democrática이라는 새로운 정당을 창당하기도 했다. 제도혁명당은 2000년부터 12년간 권좌를 국민행동당PAN에 내주는 수모를 당했지만, 2012년 선거에서 젊은 주자인 엔리케 페냐 니에토를 후보로 내세워 다시 정권을 되찾기도 했다. 하지만 초반기 개혁 청사진과 국정 대타협을 이끌어내어 국내외적으로 각광을 받던 것과 달리 교대생 43명 실종사건을 비롯한 치안악화, 개혁부진, 부패연루 의혹, 미국에 대한 대응실패 등으로 국민들의 지지를 크게 잃었다.

결국 2018년 선거에서 외교장관을 지냈던 제도혁명당의 호세 안토니오 미드Jose Antonio Meade 후보는 불과 16.4%만 얻어 3위에 그치고 말았으며, 동시에 이루어진 상하원 선거에서는 하원의 경우 전체 500석 가운데 무려 203석이나 잃은 42석 획득의 지극히 초라한 성적표를 받아야 했다. 상원의 경우에도 전체 128석 가운데 역시 61석이나 줄어든 14석을 확보하는 데 불과해 사실상 대규모 집권여당에서 소규모 정당 수준으로 추락한 모습을 보였다. 앞으로 제도혁명당이 어떤 식으로 주권자의 지지를 회복할 수 있을 것인지는 당내의 새로운 비전 제시와 개혁 노력이 우선되어야 할 것이고, 또 새로 정권을 잡은 Lopez Obrador 대통령의 국정운영 결과에 따라 달라질 것으로 생각되기 때문에 6년 후 차기 대선에서의 변화를 기대해볼 일이다.

안드레스 마누엘 로페스 오브라도르 대통령

2017년 한국에 다시 돌아와 그동안 멕시코 한인 후손들을 잊고 지내다가 한인 후손 초청 직업훈련과정 개막식에서 다시 만나본 4~5세대 후손들에게서 과거 멕시코시티에서 만났던 다정한 할머니들, 그리고 다른 후손들, 멀리 쿠바 아바나에서 만났던 한인후손회 회장님 등등 여러 사람들의 얼굴들이 주마등처럼 지나간다. 역사는 그렇게 지나가는가 보다. 보이지 않는 끈을 남기면서.

제6장

한국과 멕시코의 연결고리

1.
한-멕시코 관계 현황

멕시코는 중남미 국가 중 최초로 2005년 우리와 '전략적 동반자 관계'를 구축한 핵심 우방국이다. 양국은 정치, 경제, 문화, 인적 교류 등 제반 분야에서 최상의 협력관계를 유지하고 있다. 양국은 1962년 공식적으로 외교관계를 수립했고, 그 사이 노태우 대통령을 비롯하여 양국의 정상이 11차례나 상호 방문을 했고, 정상회담은 13차례나 개최되었다. 근래에 들어 우리측에서는 대통령 임기 중 최소한 1번은 멕시코를 방문하기도 했다.

멕시코는 우리에게 있어 중남미 최대의 교역국이기도 하다. 2015년도까지는 브라질이 최대의 교역 대상국이었으나, 2016년부터는 브라질을 누르고 명실공히 중남미 최대의 교역국으로 부상하였다. 가장 최근의 통계인 2018년을 기준으로 보면 양국 간 교역규모는 165억 불에 달한다. 우리의 대멕시코 수출은 114억 불, 수입은 50억 불로 우리가 64억 불의 흑자를 내고 있다.

교역에서만 최대가 아니다. 투자 측면에서도 중남미 지역 내 우리의 최대 투자국이기도 하다. 우리나라는 자동차, 전자제품 분야에서 약 64억 불을 투자하고 있다. 우리 기업의 대미 수출 및 중남미 진출의 전략적 중심지로 부상하면서 기아, 삼성 등 400여 개의 기업들이 멕시코에 진출 중이다.

과거에는 캐나다-미국-멕시코 간 북미자유무역협정NAFTA의 무관세 혜택을 활용해 세계 최대의 소비시장인 미국시장을 바로 옆에 둔 지리적 이점으로 우리를 비롯한 많은 국가들이 멕시코에 생산공장 설비 등에 다수 투자하였다. 특히, 전 세계 대부분의 자동차 생산기업들이 이러한 물류면에서의 장점을 활용하여 멕시코 내에 자동차 생산공장을 운영하고 있다. 그러나 지금은 미국 트럼프 정권의 출범으로 NAFTA가 미국에 유리하게 개정되어 진출 외국기업들은 새로운 전략으로 대응책을 마련하고 있다.

최근에 특히 주목할 현상은 문화면에서 멕시코 내 한국붐 현상을 간과할 수 없다는 점이다. 한류 팬클럽이 다수 있으며, 멕시코 내 한류팬의 숫자는 무려 16만 명에 이른다고 한다. 멕시코에서도 한류에 대해 관심은 매우 뜨겁다. 서울과의 직항로 개설, 그리고 많은 인구, 중남미 대표국가라는 점에서 우리 아이돌 그룹의 대규모 공연이 비교적 자주 개최되는데 정말이지 굉장히 많은 인파가 몰려든다. 더 고무적인 것은 그만큼 멕시코가 중남미 내에서 한류확산의 중심지 역할을 톡톡히 하고 있다는 점이다.

멕시코시티에는 한국문화원이 있는데, 한국어 수업, 한국 요리 강좌, 전통악기 교습 등 다양한 강좌를 개최하고 있고, 매번 많은 멕시코 사람들이 참여한다. 한국어 수업은 세종학당과 협력하여 이루어지고 있는데, 문화원 교실로는 다 수용할 수 없어 멕시코시티 시정부로부터 장소제공 협조를 받아 인기리에 진행되고 있을 정도이다. 두 나라 간 고위인사 교류나 무역투자 등 제반 분야에서의 활발한 발전과 증대는 매우 고무적이다. 특히나 이제는 바야흐로 정치경제 중심의 전통적인 관계에서 벗어나 문화를 중심으로 양국관계가 심화되고 있다는 점이 더욱 희망적이다.

2.
100여 년 전의 멕시코 이민

구한말 최초의 이민이라고 하면 대부분의 사람들은 하와이 이민을 생각한다. 이제는 하와이가 아닌 멕시코 이민이 대한제국 말기 비슷한 시기에 있었다는 사실이 아직은 부족한 연구 결과에도 불구하고 사람들의 관심 속에 다소 조명을 받고 있어 다행이라는 생각이 든다. 재미 민간 사학자 이자경을 비롯하여 독립기념관에 소속된 연구진과 국내의 일부 학자들이 빈약한 자료에도 불구하고 이민사를 정리하고 기록을 남기고 있는 것은 매우 의미 있는 일이라고 하겠다.

1900년 초, 하와이에 조선 이민이 성공했다는 소식을 들은 멕시코의 에네켄 농장주들은 조선 이민자들의 노동력 확보에 관심을 보였다. 당시 멕시코 농장주들의 대리인으로 이민 알선을 하던 미국인 마이어스John G. Meyers는 일본 이민업자 다이쇼와 함께 한국으로 건너가 〈대륙척산 주식회사〉라는 간판을 달고 멕시코에서 일할 이민자들을 모으기 시작했다.

신동아(2003년 10월호)에 실린 오인환, 공정자 교수의 '발굴 자료로 본 구한말 멕시코 이민사'를 보면 출항을 비롯해 멕시코 도착 등의 일자에 대해 불명확했던 점들을 여러 문헌을 참고해 정리가 되어 있다. 이에 따르면 멕시코 첫 이민자 1,033명은 1905년 양력 3월 21일 영국 상선 일포드호에 승선하지만 승선자 가운데 수두환자 발생으로 출항이 지연되었다가 4월 2일에 가서야 출항을 하였다. 그런데 이민자들의 여권과 담배지급 요구 주장으로 4월 3일 인천으로 다시 회항하였다가 4월 4일 재출항을 하였다. 한 달이 넘는 항해 끝에 5월 8일(이하 멕시코 시간 기준) 멕시코 서남부의 살리나 크루즈 항구에 도착했고, 입국수속 문제로 4일을 선상에서 대기하다가 5월 12일 하선해 멕시코 땅에 상륙했다. 이후 철도편으로 이동해 다음날인 5월 13일 코알라코앗사에 도착했고, 5월 15일에 프로그레소 항구에 도착한 후 같은 날 최종 목적지인 메리다시에 도착한다.

이자경의 이민사를 보면 많은 사람들이 멕시코로 가면 큰돈을 벌 수 있다고 생각했고, 지원자 중에는 해산된 신식군대 군인들도 많이 있었던 것으로 전해진다. 항해 도중 2명이 사망해, 최종적으로 1,031명이 도착했고, 이윽고 멕시코 24개 지역으로 흩어져 나가 노예나 다름없는 대우를 받게 된다. 일부는 사탕수수 농장, 일부는 광산과 시멘트 공장, 그리고 나머지는 에네켄 농장으로 보내졌다. 허위 선전에 속아 멕시코로 건너간 사람들은 언어도 몰랐고 생활풍습도 달랐으며, 뜨거운 기후와 병마에 시달리면서 월급도 제대로 받지 못해 굶주리기가 일상이었다. 당시 하와이 한인회와 본국 정부에 알려진 멕시코 이민자들의 참담한 생활상은 아래 기술과 같이 비참하기 이를 데 없었다.

"이민을 모집할 때에 멕시코에 가서 4년간 일하면 평생 살 돈을 벌어가지고 귀국할 수 있다는 거짓말로 사람을 모아다가 노예를 만들었는데 …(중략)… 이민된 동포들은 낮이면 불같이 뜨거운 가시밭에서 채찍을 맞아가며 일하고 밤이면 토굴에 들어가 밤을 지새우며 …(중략)… 농장 주인이 일터에 나오는 때는 사방에서 십장들이 채찍을 들고 소리치는 모양은 소몰이하는 목장과도 같으며 …(중략)."

그러나 멕시코 이민자들은 이러한 참담한 생활 속에서도 독립의연금을 모아 고국으로 송금하는 등 조국의 해방을 위해 노력하였으며, 메리다 지방회를 설립하여 한인의 정체성을 잊지 않으려고 힘썼다. 하지만 일제의 식민지배로 돌아갈 조국이 없어진 이들은 돌아갈 꿈을 포기한 채 멕시코에 정착하여 새로운 삶을 살기 위해 멕시코 전역으로 흩어졌고, 현재는 거의 대부분이 현지에 동화되어 살아가고 있다.

당시의 에네켄 이민자들의 삶은 한국에서 영화와 소설 등 많은 작품의 주제로 다뤄줬는데, 김호선 감독의 <애니깽>(1997년)이라는 영화가 유명하다. 이는 멕시코 유카탄 지방에서 직접 촬영을 한 작품으로 장미희와 임성민이 주연으로 출연했으며, 제34회 대종상 작품상을 수상했다. 뮤지컬로는 김상열 작, 유경환 연출로 서울예술단의 작품 <애니깽>(1998/99년)이 있다. 이 창작 뮤지컬에 출연했던 배우 송용태와 전수경은 이듬해 주연상을 수상하기도 했다. 역시 같은 주제를 소설로 다룬 작품으로는 김영하 작가의 2014년 작품 <검은 꽃>이 있다.

3.
검은 꽃

앞서 언급한 김영하 작가의 100여 년 전 멕시코 한인이민의 삶을 그린 〈검은 꽃〉은 실로 놀라운 책이다. 많은 사람들이 1905년 1,033명의 조선인들이 멕시코 에네켄 농장으로 이민을 떠난 일과 그들의 고단했던 삶을 어느 정도 들어서는 알지만, 멕시코에 살았고 그들의 삶을 어느 정도 알고 있다고 생각했던 나에게는 미리 오래전에 읽어봤어야 할 책이었다. 김영하 작가의 검은 꽃은 멕시코 이민사를 누구보다 꿰뚫고 소설가적인 기막힌 추리를 바탕으로 놀랍도록 세밀한 묘사와 가공의 이야기를 절묘하게 이끌어나간다.

당시 이민자들의 모집 배경이나 이들의 구성, 그리고 출항하기까지의 우여곡절에 대해서는 사료나 연구자료를 보고 들어 알고 있었지만, 이들을 둘러싼 역사적 배경과 그들이 어떻게 머나먼 이국행을 정했는지를 여러 사회 계급과 계층의 시각으로 잘 그려

냈다. 전근대적 신분사회의 모순과 이러한 구질서를 무색하게 만들었던 이민선이라는 배 안의 물리적 공간에서의 상황이 가져오는 갈등과 생존을 위한 현실과의 타협, 그리고 생리적인 문제를 둘러싼 보이지 않는 끝없는 긴장감, 조선의 전근대성과 서양 선원들의 시각, 한인 출신 통역사를 통한 집단적 갈등과 시기, 희망의 퇴색과 절망의 고조, 배 안에서의 굿 등은 당시 조선 사람들의 사고틀을 비조선적 공간에서 무장 해제시키고 이들의 향배가 어떻게 될지에 대해 궁금증으로 이어가게 한다.

더욱 놀라운 것은 이들 이민자들의 험난한 멕시코 에네켄 농장에서의 실제 삶에 관한 것인데, 약간의 자료가 남아있긴 하지만 작가는 마치 자신이 겪었던 이민생활을 이야기하듯 농장의 구조나 감독들의 태도, 다른 마야 노동자나 집의 구조, 작업의 행태까지도 소상히 적어놓았다. 이들의 저항, 황족의 고루함과 무책임, 조선인들의 노동분규, 황족 규수와 장돌배기 출신 사내의 사랑 이야기, 멕시코 혁명 가담, 신대한(新大韓) 건설 포부와 과테말라 정변에 개입해 결국 목숨을 잃고 마는 이야기들은 놀라운 전개이다. 위기적인 상황에서 땀을 쥐게 하면서도 기발한 방향으로 이야기를 전개해 나간다. 이 책은 조그만 역사적 사실을 통해 실제와의 연관성은 어떤지 몰라도 등장하는 이들의 극명한 신분차이, 계급적 한계가 무색하게 극단적으로 조선시대와 단절된 새로운 환경에서 기존의 전근대성이 근대성과 갑작스럽게 만나면서 농장이라는 한계를 뛰어넘을 수 없는 번뇌와 고민이 가득하다.

작가는 우리 멕시코 이민사의 비극을 더 비극적으로 그렸다. 멕시코 농장과 멕시코 혁명의 와중에서 한인들이 행보를 써내려가면서 멕시코의 국내정세와 혁명군의 활약, 그리고 카톨릭을 둘러싼 농장주와 현지인들의 믿음과 대립상황도 너무 자세히 잘 그렸다. 황족의 후예인 한 여인은 낯선 세계에 팽개쳐진 자신의 기구한 운명에 대해 원한을 갚듯이 후에 오래 살아남아 무섭게 돈을 모으고 유일한 피붙이 아들에게 재산을 남기고 삶을 마감한다. 작가는 무엇을 얘기하려던 것이었을까? 전근대적 최고 지위에서 저 밑바닥까지 갈 수밖에 없었던 원한을 이제 속세의 물질적인 것만이 자신을 보호할 수 있고, 과거를 지킬 수 있는 유일한 길이라고 믿었다는 것을 보여주는 것일까? 모순 덩어리가 서서히 붕괴되는 모습과 전혀 예상치 못했던 이국인들과의 갈등, 그리고 농장 인부라는 새로운 신분 위에서 서로의 관계를 재정립하면서 현실의 한계에 절망할 수밖에 없던 많은 조선인들의 안타까운 모습들이 마구 다가온다.

멕시코에 살았었고, 이민자들의 4~5세대를 만나봤던 나로서는 이 책을 읽기 전 이러한 고통스런 당시의 선조들의 삶을 피상적으로만 이해했다는 점을 뒤늦게 자각하게 되었다. 미리 읽었더라면 어쩌면 멕시코에 있으면서 이들의 흔적을 더욱 찾아볼 만도

했을 것이다. 물론 소설이지만 어느 정도 그들의 삶을 깊이 들여다본 작가의 대단한 관심과 노력에 경의를 표한다. 작가는 다른 수필집에서 <검은 꽃>을 쓰기 위해 실제 과테말라에서 장기간 머물며 조사와 저술을 했다고 밝힌다. 이 책에 나오는 여러 인물이 멕시코 혁명에서 활약을 하는데 그게 사실인지 의구심이 들기도 하지만 쿠바에서 만났던 한인 후손들로부터 피델 카스트로와 혁명을 같이 하고 고위직에 오른 한인 후손도 있었다고 하니 단순한 상상만으로 치부하기도 어렵다.

  사람의 삶이 뭘까 하는 생각을 다시 한 번 하게 된다. 보이지 않는 계급과 관습과 구태를 하루아침에 벗어던질 수밖에 없는 숙명을 맞이한 사람들의 허망함과 좌절감 앞에 오히려 숙연해진다. 100여 년 전의 선조들에게 닥친 현실이었고, 극단적인 예라고도 할 수 있지만, 이들의 삶은 대부분은 사라지고 이제 작은 이야기들로만 남았다. 우리의 삶도 현대적인 세팅을 제거하고 나면 근본적으로 이들과 다르지 않으리라.

4.
두 개의 이민사회

흔히 동포사회를 이야기하면 멕시코의 경우 약 12,000명의 동포가 멕시코에서 살아가고 있다고 말한다. 멕시코 한인 이민의 역사를 생각한다면 이 말은 어쩌면 절반만 맞는 얘기일 것이다. 왜냐하면 3만 명이라고 추정되는 1905년에 멕시코에 정착한 한인 이민자들의 후손들을 포함하지 않고 있기 때문이다.

일반적으로 말하는 12,000명의 교민은 1965년 무렵 시작된 본격적인 이민정책 이후 이주해온 한국 사람들을 가리킨다. 1997년 이전까지는 멕시코 정부의 엄격한 이민통제 정책으로 교민 수가 1천 명 수준에 머물렀으나, 멕시코 정부의 이민정책 완화와 우리나라 IMF 경제위기 여파로 교민들의 수가 급속히 증가하여 오늘에 이르고 있다. 위에서 말한 12,000명의 한인들은 거주자, 체류자, 지상사 파견인력, 유학생 등으로 많은 사람들이 의류, 요식업, 관광, 상업 등 다양한 업종에서 활발히 활동해 나가고 있다. 멕시코시티 시내 중심가에는 '쏘나 로사Zona rosa'라는 지역에 한인 밀집지역도 있다. 이곳에는 한인들이 운영하는 식당, 미용실, 상점, 교회, 병원 및 사무실 등이 있다.

반면, 3만 명이나 된다고 하는 멕시코 전역에 있는 한인 후손들은 어디서 무엇을 하고 있는지에 관한 충분한 정보가 없다. 다행히 멕시코시티나 메리다 등의 몇몇 도시에서는 한인후손회가 조직되어 있다. 그러나 각 지역의 한인후손회는 매우 적은 인원이 참여하고 활동이 미약하여 정확한 통계를 낼 수 없는 형편이다. 정말 3만 명이 되는지도 확실하지는 않고 다들 그렇게 추산할 따름이다.

멕시코에서 근무하는 동안 여러 차례 멕시코시티의 한인후손회 주관 행사에 참여하였다. 다른 지방 한인후손회에는 가보지 않아서 확언하기 어려우나 멕시코시티 한인후손회가 그중에서 제일 활발히 활동을 하고 있지 않을까 한다. 율리세스 박 회장 부부를 중심으로 추석, 설날, 송년회 등 연중 다양한 행사를 개최한다. 행사는 대부분 멕시코시티 한인회관 안에 있는 한글학교 강당에서 이루어진다.

한인회에서는 장소를 무료로 제공하는 등 한인후손회에 대해 많은 지원을 아끼지 않는다. 다만, 행사에 가보면 한인 회장님 또는 한글학교 교장선생님께서 참석을 하지만 다른 한인들을 보기는 어렵다. 이러한 아쉬운 점에서 이 글의 제목을 두 개의 이민사회로 생각하게 되었다.

물론 한인 후손들이 이미 4~5세대에 접어들게 되다보니 언어나 사고방식, 행동 등에서 멕시코화된 면을 부인할 수 없기 때문에 두 개의 모임을 인위적으로 보다 가깝게 하는 것이 오히려 부자연스럽고 무리일 수 있다는 점도 한편으로는 이해가 된다.

그러나 아무리 멕시코화가 되어도 한국인의 모습이 남아있고 한국적인 것에 관심을 가질 수밖에 없는 것이 인지상정(人之常情)인 만큼 한국 정체성을 찾아가려는 한인 후손들에게 그들의 주변 가까이에 있는 우리 한인 교민들이 조금만이라도 더 관심을 가져 주기를 바라는 마음이다.

한인후손회 추석행사 기념촬영 모습

5.
LA와 멕시코 한인 후손

멕시코에 있는 동안 잠시 LA를 다녀온 적이 있다. LA는 참 이상한 도시이다. LA에 있는 한인 타운은 한국 도시에 미국을 덮어 넣은 것처럼 껍데기만 미국이고, 자세히 보면 미국 내 한국 같아 보인다. 그런데 한국 식당, 한국 카페를 가봐도 다들 한국 사람 모습인데 대화 언어는 영어가 일상이다. 아마도 예전에 한국에서 논의되었던 영어 공용화 또는 심지어는 영어 사용 주장이 받아들여졌다면 서울의 모습이 LA 같지 않으리라는 법이 없을 것이다.

한반도를 떠난 한국인들은 세계 곳곳에서 살아가면서 한국인이라는 공통분모를 가지면서도 현지에 맞게 분화되어 가고 있다. 미국의 수많은 도시, 일본, 중국, 러시아, 동남아, 유럽, 아프리카, 중남미에 걸쳐 한인 사회의 모습은 비슷한 것 같으면서도 실로 다양하다.

무엇이 한국인을 한국인답게 하고, 많은 시간이 지나도 공통성을 잃어버리지 않게 하는 걸까? 또, 한편에서는 이런 생각이 과연 맞을까 하는 의문도 생긴다. 언어가 중요한 역할을 하긴 하지만, 수많은 교민 자녀들이 한국어를 잃어버리고 미국 시민으로 살아가는 미국을 보면 반드시 공통성을 잃어버리지 않는다고 말하는 것도 맞지 않는 것 같다. 그렇다면 조금이나마 공통성을 보인다고 할 때 그 원인은 외형적 모습에 의한 인종적 자각이라 말할 수 있을까? 아니면 성장하면서 자각하게 되는 수많은 감정 중 부모로부터 어려서부터 듣고 마음속에 자신도 모르게 각인된 희미한 부모의 향수나 은연 중 전수된 전통과 동양적 사고와 관습이 내재되어 있다가 어느 순간 물밀듯 일어나 문득 과거와 자신의 본질을 찾아보려고 하는 존재론적 의문일지도 모르겠다.

그런 생각에서 멕시코의 한인 후손들을 생각해보게 된다. 멕시코 최초 이민 한인 후손들은 벌써 4~5세대를 거치고 있다. 이들 중 3세대 이후부터는 대부분 현지인과 결혼을 하고 한국어도 모르고, 또한 외형적 모습도 많은 경우에 한국적인 특징을 찾아보기 힘들다. 어쩌면 멕시코 한인 후손들로부터 느낄 수 있는 민족적 자긍심 또는 회귀의식은 아마도 오랜 시간이 지나도 외형적 모습이나 언어가 다름에도 이어지는 예외적인 경우라고 할 수 있다.

아마도 유행과 마찬가지일 수도 있는데 한국의 위상이 높아짐에 따라 전 세계적으로 한류나 한국에 대한 관심은 선진 문화와 최신 유행으로 받아들여지고, 더불어 한국과 관련이 있는 자아에 대한 관심이 높아지는 면도 있을 것으로 생각된다. 하지만 직접 만나본 한인 후손들 중에는 진심어린 한국에 대한 관심을 나타내는 경우도 많이 봤는데 이런 면에서 나의 생각은 이들의 진심을 평가 절하하는 말이 될 것 같아 조심스럽다.

잠시 여행객으로서 본 LA 한인 사회의 모습은 미국 땅에서도 한인들은 어쩌면 한국보다 더 풍요롭게 미국적 가치 하에서 잘 살아가는 것으로 보인다. 이런 면에서 대부분이 그리 성공하지 못하고, 부유하지 못한 형편에서 살아가는 멕시코 한인 후손들을 생각하면 마음이 씁쓸하다. 이민의 역사나, 이민 지역의 환경, 문화, 주변의 동포 숫자, 본국의 관심 등등 차이가 워낙 많아서 단순히 미국과 멕시코 두 이민사회의 면을 비교하는 것은 무리라고 생각되지만, 구한말 암울한 시기에 새로운 세상을 찾아 모험과 같은 길을 떠났던 이민자들과 그들의 후손들이 미국 교민사회에서 보여지는 것과 같은 풍요와 성공을 많이 누리지 못한 것이 못내 아쉽다.

6.
한국에서 다시 만난
한인 후손

우리의 이민 역사는 불행한 이야기로 기억된다. 이제는 많은 사람들이 알고 있듯이 구한말 우리 선조들은 신세계를 찾아 혹은 망국의 역사를 피해 또는 영문도 모른 채 하와이로, 그리고 멕시코로 향하는 이민선에 몸을 실었다. 앞의 글에서도 설명했지만, 1905년 한인 1,033명이 당시 선박용 밧줄을 만드는 원료인 에네켄 농장에서 일할 목적으로 멕시코를 향해 이민을 떠났다. 그리고 1920년대 들어 나일론 밧줄의 등장으로 에네켄 산업이 급속도로 사양화되었으며, 이들 중 새로운 일자리를 찾던 270여 명이 사탕수수 산업이 번창하고 있던 쿠바로 이주하면서 멕시코와 쿠바에 우리 후손들이 정착하게 되는 특이한 역사를 갖게 되었다.

110년 전 20세기 초반의 우리 선조들의 힘겨운 멕시코 이민과 이후 이어지는 쿠바 이민 역사는 어찌 보면 그들의 고단하고 거칠었던 삶이 모국의 기적과 같은 발전 속에 우리에게 잘 알려지지 않았던 것이 사실이다. 재외동포재단 관계자에 따르면 세계 각지에 있는 한인 후손 중 특이하게 멕시코 한인 후손들이 거주국 내에서 성공한 사례가 거의 없고 빈곤한 생활을 이어가고 있는데 그 이유를 잘 알 수 없다고 했다.

이에 따라 이들을 돕기 위해 재외동포재단은 2016년부터 멕시코와 쿠바의 한인 후손 가운데 젊은이들을 선발해서 국내 교육기관의 협조 하에 3개월 기간의 직업교육 과정을 마치도록 지원하고 있다. 한인 후손들이 귀국해서 사회에서 성공할 수 있는 발판을 마련해주고, 한인 후손으로서의 자긍심과 긍지를 불어넣어 주는 사업을 시행하고 있는 것이다. 물론 이들은 이미 첫 이민자들의 4~5세대의 후손들로 외모는 물론이거니와 우리말을 할 수 없는 그야말로 멕시코 사람들이고 쿠바 사람들이다. 다만, 이들 모두는 자신이 한국 후손이라는 점을 명확히 알고 이를 자랑스러워했으며, 초청을 받아 교육까지 받게 된다는 점에 매우 기쁜 마음을 갖고 있음을 느낄 수 있었다.

2017년 멕시코 쿠바 한인 후손 초청 직업연수 과정이 오산대에서 개최되었다. 개막식에 외교부를 대표해서 참석할 기회가 있었다. 학생들을 대표해서 멕시코에서 온 제니퍼의 발표가 매우 인상적이었다. 제니퍼는 자신의 조상은 어떤 사람이었는지에 대한 생각과 교육과정에 임하는 진지한 소감을 설명하고, 교육 후 멕시코로 돌아가서 자신이 배운 지식을 활용해 미혼모 지원단체와 암환자 지원기구에서 봉사할 예정이라면서 한인 후손으로서 자랑스럽게 살아가겠다는 각오를 밝혔다. 제니퍼가 자신의 고조부로부터 아버지, 그리고 친척들을 소개하면서 멕시코에서 한인 후손으로서 부모님으로부터 자식은 한 가족의 거울이라는 가르침 아래 항상 책임감을 갖고 자랄 수 있었다고 한 말이 매우 인상적이었다. 4~5대를 거쳐 내려오면서 거의 완벽히 현지화될 수밖에 없는 상황이었지만, 그 가운데서도 한국적 자식 교육의 명맥이 유지되어 온 것이 뿌듯하기도 하고 사뭇 놀랍기도 하다.

멕시코에 근무할 당시에도 한인 후손 행사에 초대되어 여러 번 참석했었다. 1960년대 이후에 이루어진 우리가 보통 알고 있는 교민사회는 아직 백년 전 정착하고 동화된 한인 후손들에 대해 많은 관심을 못 주고 있는 게 현실이다. 그래서 한인후손회 행사가 있을 때마다 대사관 대표로 가급적 참석코자 했다. 한 번은 추석 기념행사에 갔었는데 거기에 오신 여든이 넘으신 2세대 할머니들과 자리를 같이 했는데 한국말이라고는 몇 단어만 기억하실 뿐이었지만 부모님 얘기를 하면서 눈물짓고 나를 아들 손자와 같이 따듯이 대해주던 다정한 손길과 눈길이 아직도 생생하다.

2017년 한인 후손 직업연수과정 개회식

2017년 한국에 다시 돌아와 그동안 멕시코 한인 후손들을 잊고 지내다가 한인 후손 초청 직업훈련과정 개막식에서 다시 만나본 4~5세대 후손들에게서 과거 멕시코시티에서 만났던 다정한 할머니들, 그리고 다른 후손들, 멀리 쿠바 아바나에서 만났던 한인 후손회 회장님 등등 여러 사람들의 얼굴들이 주마등처럼 지나간다. 역사는 그렇게 지나가는가 보다. 보이지 않는 끈을 남기면서.

7.
멕시코 박물관의 한국실

멕시코 국립문화박물관Museo Nacional de Cultura은 멕시코 역사고고학청INAH 소속 5대 박물관 중 하나로 세계 여러 나라의 다양한 문명과 문화를 소개하고 있다. 소칼로 광장과 대통령궁, 템플로 마요르(중앙 신전) 등 멕시코의 어제와 오늘이 공존하는 멕시코시티 구시가지 역사지구 한가운데 위치한 문화박물관은 다양한 문명과 문화가 소통하는 오늘의 세계를 한자리에 모아놓은 전시공간이다. 과거 조폐기관으로 사용되기도 했던 박물관 건물 자체가 멕시코의 문화유산이기도 하다.

2000년 11월 국제교류재단Korea Foundation의 지원으로 개설된 한국실은 붉은 간도기부터 단원 풍속도첩 등 선사시대부터 조선시대에 이르기까지 시대별 대표적 전시품이 영구 전시되어 한국의 찬란한 역사를 보여주었다.

지난 2006년부터 점차적인 수리와 보수를 시작하였고, 2009년부터는 한국실도 리모델링을 위해 문을 닫아야만 했다. 2015년 10월 22일, '조용한 아침의 나라, 한국'이라는 제하로 재개관식이 개최되었다. 새로 단장한 한국실은 기존의 2배에 가까운 210m^2 면적을 확보하였으며 한국인의 삶: 관혼상제, 종교와 믿음, 전통과 관습, 과학기술과 예술이라는 네 가지 큰 주제를 가지고 전시 공간을 다시 꾸몄다.

욕심 같아서는 더 많고 다양한 전시품이 진열되었으면 하는 마음이지만, 어쨌든 이러한 한국실의 존재만으로도 멕시코 내에서 한국을 알리는 훌륭한 홍보 도구가 될 것이다.

8.
한-멕시코 직항로 개설

2017년 7월 인천과 멕시코시티 간 여객기 직항로가 개설되었다. 약간 아쉬운 점은 우리 국적기가 아닌 멕시코 국적기 '아에로 멕시코' 항공사에 의해서였다. 아쉽다는 말은 두 가지 의미에서 한 말인데, 첫 번째는 결과론적인 얘기지만 멕시코 직항로 개설 이후 멕시코를 방문하는 한국 방문객이 상당히 많이 늘어 진작 개설이 되었다면 더 많은 교류가 있었을 것이라는 점이고, 두 번째는 상당히 오래전부터 대사관에서는 우리 국적 항공사에 대해 멕시코 취항의 성공 가능성에 대해 열심히 설명하고 설득도 했지만 항공사의 비관적 전망 분석 때문에 결국 실현되지 못했다는 점에서 그렇다.

멕시코를 방문하는 한국인 관광객은 매년 증가하고 있었지만, 특히나, 직항 개설로 인해 대폭 증가된 면이 있다. 2018년 1월부터 9월까지 멕시코를 방문한 한국인은 8만 8,045명이었다. 산술적으로 생각해봐도 연말까지 11만 명이 넘을 것으로 예상된다. 이런 비약적인 한국인 관광객 증가로 인한 수입을 우리 기업이 담당했으면 더 좋지 않았을까 하는 아쉬움도 든다. 이는 비단 한국인만을 생각한 것인데, 따지고 보면 양국을 방문하기 위해 직항로를 이용하는 멕시코 사람들과 주변국 사람들도 많이 있을 것을 생각해보면 그 이익은 더욱 클 것이다.

오래전부터 대사관에서는 우리 항공사에게 직항로 개설을 건의해온 바 있다. 2014년 부임 직후 멕시코 교통부 항공국장을 만나본 결과, 오래전부터 우리 항공사는 서울-LA-멕시코시티 항로를 제안했었지만, LA-멕시코시티 구간이 멕시코로써는 황금노선이어서 절대 양보할 수 없는 사정이었기 때문에 LA 대신 시애틀이나 다른 미국 도시를 역제안하고 있었고, 이에 대해 우리 항공사는 LA 노선 이외에는 안 된다고 하고 있던 상황이었다.

기술 발달로 연료 효율적인 비행기가 우리 항공사에도 도입되었다는 소식을 접하고 대사관은 직항로 개설을 검토해줄 것을 재차 요청했었다. 그 근거로는 첫째, 양국 방문객 숫자의 증가세였다. 2014년 당시 양국의 출입국관리소 등을 통해 파악한 양국 방문객은 8만 명 수준이었다. 당시에는 칸쿤이 신혼여행지로 TV 드라마에 소개되면서 칸쿤과 쿠바를 연결하는 한국인 관광객이 증가하고 있던 때이기도 했다.

둘째는 보통 이전까지 양국을 방문하기 위해서는 미국을 경유해야 하는데 비자문제며, 미국 공항 내 엄격한 보안검색으로 짜증이 나있는 사람들에게는 크게 환영할 일이었다. 따라서 미국 경유를 대신해서 직항이 운항될 경우 수요자가 더욱 많이 늘어날 것을 쉽게 예상할 수 있었고, 이렇게 되면 비단 한국과 멕시코 사람만이 아니라 양쪽의 인근 국가 즉 한국의 경우 동아시아, 멕시코의 경우 중남미 많은 국가의 사람들이 직항로를 이용할 가능성이 크고, 아울러 이들 주변국 국민들이 한국과 멕시코만 방문하는 것이 아니라 양쪽 지역을 방문할 때도 이용할 수 있다는 점이었다.

이와 같은 항공수요 증가 요인을 감안했을 때 대사관에서 추산한 연간 이용객은 최대 15만 명까지도 가능할 것으로 보았다. 이러한 자료를 가지고 접촉한 우리 국적 항공사는 놀랍게도 수년 전의 자료인 연간 방문객 2~3만 명의 통계를 가지고 있었고, 이런 수준에서는 수익을 낼 수 없기 때문에 신규 취항에 부정적 입장이라고 알려왔다. 만약 우리 항공사에서 대사관 자료를 바탕으로 새로 검토해보고 아예로 멕시코 항공사보다 먼저 직항로를 띄웠다면 아마도 지금은 수익이 높은 황금노선의 하나가 되지 않았을까 하는 생각에 아쉬움이 남는다.

9.
개정된 NAFTA 협정과
우리 기업의 명암

트럼프 대통령의 당선 자체가 온 세계에 충격이기도 했다. 이후 기존 미국 외교에서는 볼 수 없었던 자국 중심의 막무가내식 외교 행태는 대부분의 국가들에게 더 큰 충격을 안겨주었다. 어쩌면 많은 국가 중 멕시코가 가장 충격을 받는 국가 중의 하나가 아닐까 한다. 트럼프는 대통령 후보 시절부터 아예 대놓고 멕시코 사람들을 범죄자로 취급하고, 불법이민자들을 추방해야 하며, 불법이민자들이 월경하지 못하도록 국경장벽 건설비용마저도 멕시코 정부가 부담해야 한다고 주장했었다.

그럼에도 불구하고 미국 내 다수의 멕시코 사람들이 저숙련 분야에 종사하고 있기 때문에 미국이 사실상 이민 집단을 거부할 수 없으며, 미국 또한 멕시코 농산물에 많이 의존하고 있다는 사실에서 트럼프의 위협은 선거를 위한 수사일 뿐일 거라고 많은 멕시코 사람들은 희망했다. 그런데 트럼프 행정부가 예상보다 불법이민에 관한 이니셔티브를 취하지 못하는 사이 오히려 강하게 북미자유무역협정NAFTA 개정을 압박하여 협상 끝에 지난 2018년 9월 30일 미국-멕시코-캐나다 협정USMCA을 타결시켰다.

익히 알려진 바와 같이 미국 내 무관세 혜택을 받으려면 미국산 부품을 많이 사용하도록 원산지 규정 비율을 대폭 상향 조정시켰으며, 기타 자국에 유리하게 각종 국제규범의 준수를 포함시켰다. 이러한 새로운 협정은 당사자인 멕시코나 캐나다는 물론이고, 특히 멕시코에 진출해 있는 많은 외국기업에게도 직접적인 영향을 미치는 것은 물론이다. 인구 1억 2천만 명의 거대시장, 저렴한 노동비용, 비교적 양질의 노동력과 인프라, 세계 최대 소비시장인 미국과의 인접성 등의 이유로 우리 기업들도 많이 멕시코에 진출해 있다.

금번 협정의 핵심은 자동차 분야라고 할 수 있는데 2016년 몬테레이에 공장을 완공하고 자동차를 양산하고 있는 우리 기업에게는 직격탄과도 같다. 기아 멕시코 공장은 연간 30만대 생산 수준으로 증설시 40만대까지 생산이 가능한 시설로 2017년의 경우에는 22만대를 생산하여 이중 약 12만대를 미국에 수출하였다. 기아자동차 공장 건설과 함께 부품조달 협력업체도 14개사가 동반 진출을 하였는데 원산지 규정 상향 조정에 따라 한국산 부품 사용 비율을 줄이거나 멕시코 및 미국산 부품의 사용 비율을 높여야 하는 상황이어서 이를 타개할 전략을 마련해야 한다.

원산지 규정보다 더 어려운 점은 이번 협정에서 새로이 규정하고 있는 노동 부가가치LVC 기준인데 자동차를 생산하는 인력의 시간당 임금이 특정 수준(16달러)에 도달해야 무관세 혜택이 적용되도록 되어 있어 현재 멕시코의 현저히 낮은 시간당 임금수준(3.3달러)을 감안하면 결국 시간당 임금이 16달러를 초과하는 미국이나 캐나다산 부품으로 사용해야 한다는 의미이기 때문에 우리 기업의 어려움이 가중될 수밖에 없는 상황이다. 트럼프 등장 이전 멕시코는 그야말로 세계의 자동차 공장이라 할 만큼 바로 인근에 거대시장을 둔 입지적 조건과 양질의 저임금 노동력으로 불안한 치안환경에도 불구하고 세계의 거의 모든 자동차 메이커들이 생산 공장을 운영하던 곳이었다. 바야흐로 NAFTA의 혜택이 대폭 감소하면서 많은 외국 자동차 업체들의 시름이 깊어간다.

USMCA 협정은 2020년 7월부터 발효되었다. 협정상 유예기간이 허용되어 당장은 적용을 피할 수 있으나, 불가피하게 역내 부품 사용 등 대응책 마련이 시급하다. 철강 분야도 마찬가지인데 멕시코 관련 업체와의 전략적 제휴 등 무관세 혜택을 받기 위한 방안이 검토되고 있다. 반면, 강화된 원산지 규정이 적용되지 않는 전자 분야는 영향이 미미할 것으로 보이며, 원산지 규정 강화에 따라 멕시코 내 신규 설비투자가 증가할 것으로 예상됨에 따라 국내 기계설비 업체들의 수출은 증가될 것으로 보인다. 코로나 위기 이후 그동안 세계적인 생산 전문화를 추구했던 글로벌 가치체계GVC의 위험성을 경험하게 되었다. 각국은 모든 물품, 특히 의료설비, 개인 위행물품 등을 국내에서 모두 생산할 수 없다는 것을 알기 때문에 GVC보다는 비교적 근거리에서 물건을 조달할 수 있는 USMCA와 같은 지역가치체계RVC에 더 관심을 가질 수밖에 없다. 이런 변화의 흐름을 거꾸로 활용하여 앞으로 우리 기업들은 투자진출 분야 선정이나 진출 방법의 다양화, 운영상 새로운 창의적 전략을 마련해야 할 시점이다.

10.
한국 TV 프로그램 속의 멕시코

오랫 동안 한국 텔레비전에서 멕시코를 다룬 프로그램은 그다지 많지도 않았지만, 간헐적으로 있다 하더라도 단편적인 것에 그친 경우가 대부분이었다. 몇몇 편의 다큐멘터리나 또는 '걸어서 세계 속으로'와 같이 담당 PD가 멕시코시티나 칸쿤 등을 직접 다니며 르포 형태로 소개해주는 프로그램이 대표적인 예라고 하겠다. 대개 이런 프로그램들은 현지에서 통역을 통해 명소를 찾고 간단한 질문을 하면서 특이한 풍습과 경치 등을 생동감 있게 전해주는 특징을 갖고 있다. 이런 프로그램을 통해 많은 사람들이 멕시코의 독특한 개성과 특성을 머릿속에 그리며, 여행이나 방문을 준비했을 것이다.

그동안 멕시코와 관련된 여러 가지 많은 TV 프로그램이 있었겠으나 필자가 기억하기로는 2015년경부터 '비정상회담' 프로에 한국말을 유창히 잘하는 멕시코 청년 크리스티안 부르고스가 출연하면서부터 국내에 멕시코에 대한 단편적이지 않고 비교적 다채로운 소개가 이루어진 것 같다.

　더욱이 2017년부터는 본격적으로 멕시코를 다루는 프로그램들이 많이 등장하게 되었는데, 그중에서 '어서와 한국은 처음이지' 멕시코편에서는 친구를 찾아 처음 한국을 여행하는 멕시코 청년 3명의 좌충우돌 여행기가 방영되면서 익살스럽고 다정하며 정 많은 멕시코 사람들의 정서를 우리나라 사람들에게 많이 각인시켜 주었다.

　이 프로그램은 특히나, 멕시코 청년들이 한국 여행을 하면서 하는 자연스러운 대화를 한글로 번역하여 자막 처리함으로써 실제 멕시코 사람들이 어떻게 생각하고, 느끼고, 행동하는지를 처음으로 한국 사회에 알리는 중요한 계기가 되었다고 생각한다. 어쩌면 이전에 한국 사람들이 보통 멕시코 사람들 하면 큰 챙의 마리아치 모자와 타코taco를 떠올리며 그다지 부지런하지 않은 모습의 선입관을 가지고 있었을 텐데 이 프로그램을 통해 멕시코 사람들도 우리보다 더 깊은 정과 흥을 가진 사람들이라고 생각이 바뀌었을 것이다.

방송 '어서와 한국은 처음이지'의 한 장면

그리고 아마도 2017년 7월부터 개설된 아에로 멕시코AeroMéxico 항공의 인천-멕시코시티 직항로 개설도 보다 많은 멕시코 관련 방송 프로그램들이 출현하도록 많이 기여했을 것으로 생각된다. 직항로 개설은 단순한 방문객 증가에 그치는 것이 아니라 양국 간 관계에 있어 다양한 부대효과를 수반한다. 양국민 간 접촉 및 소통의 확대에 따른 관광객 증가, 유학생 증가, 교역 증대, 기업투자 확대 등을 경험하게 되는데 방송 프로그램도 예외는 아닌 것 같다. 방송 특성상 짧은 기간 내에 촬영을 마치고 와야 하기 때문에 비교적 거리가 가까운 곳이 선호되거나 또는 멀더라도 방문이 용이한 곳이 촬영지로 부상하기 마련인데, 이런 면에서 멕시코 직항 개설은 멕시코를 무대로 하는 촬영지로 선택하기에 큰 무리가 없어 보였을 것이다.

2017~2018년 최근에만도 3~4개의 예능 프로그램들이 멕시코에서 촬영되었는데, 대표적인 것으로 SBS의 '정글의 법칙 in 멕시코', MBC의 '선을 넘는 녀석들', JTBC의 '뭉쳐야 뜬다' 등이 있다. 아마도 계속해서 더 많은 멕시코 관련 방송 프로그램들이 나올 것으로 보인다. 요즘은 멕시코를 방문해서 직접 체험하는 분들도 많이 있긴 하지만 이러한 프로그램들을 통해 멕시코가 보다 정확히 긍정적인 모습으로 우리나라 사람들에게 인식되기를 바라며, 또 멕시코를 처음 여행하려는 분들에게도 많은 도움이 되어주기를 바란다.

11.
잊혀진 멕시코 영웅들

6·25 발발 70주년을 하루 앞둔 2020년 6월 24일 우리나라 외교부 국제회의장에서는 흔치 않은 뜻 깊은 행사가 개최되었다. 브루노 피게로아Bruno Figueroa 주한 멕시코 대사가 우리가 잘 몰랐던 '한국전쟁의 잊혀진 군인: 멕시코인'이라는 제목으로 강연을 했다. 피게로아 대사는 멕시코가 한국전쟁에 유엔군으로 참전한 것은 아니지만 미군 소속으로 참전한 18만 명의 히스패닉계 병사 가운데 약 10만 명이 멕시코 출신 또는 멕시코계 미국인이었다고 밝히면서 그들의 참전 경로, 희생 상황 등을 설명하고, 멕시코계 병사들로만 구성된 부대, 무공훈장을 받은 멕시코계 병사의 사례 등도 소개하였다.

피게로아 대사의 설명에 따르면, 멕시코는 2차 대전 당시 연합군으로 참가했으나 종전 이후 냉전 하에서는 비동맹 노선을 따름으로써 한국전에는 참전하지 않았으나, 식량, 의약품 등 35만 달러 상당의 인도적 지원을 했다고 한다. 한국전 당시 전체 미군 전사자 3만 5천명 가운데 히스패닉계가 10%를 차지했을 정도로 미군 소속으로 참전했던 멕시코계 병사들의 희생도 상당했고 활약도 컸다. 25연대 35사단과 같이 멕시코 병사들로만 구성된 부대도 있었다고 한다.

피게로아 대사의 강연 소식은 6월 26일자 멕시코 일간지 El Sol de México 국제면에 보도되었다. 피게로아 대사가 주미국 멕시코 대사인 바르세나 대사와 공동으로 코리아 타임즈에 기고한 한국전 참전 멕시코 용사들의 활약상에 대한 소개와 우리 외교부에서 개최된 강연 행사를 알리는 내용이었다. 수많은 멕시코계 병사들이 한국전에 참전했지만 미군의 일원으로 활약했기 때문에 정작 멕시코 내에서는 그들은 한국전 참전 사실조차 생소한 잊혀진 영웅들이었다. 피게로아 대사의 노력으로 그들이 다시 주목을 받게 되어 이제 멕시코 내에서도 이들의 활약상을 보다 널리 알리는 뜻 깊은 계기가 되었다. 기사 바로 옆에는 멕시코에 있는 우리 대사관의 국방무관인 김윤주 중령의 한국전 당시의 멕시코 용사들의 참전을 기리는 기고문이 같이 게재되어 뜻 깊은 의미를 더했다.

피게로아 대사는 자신의 아버지의 아는 분이 한국전 참전용사이어서, 2017년 4월 부임 이후 관심을 갖고 멕시코 참전용사들에 대한 조사를 해왔다고 했다. 양국 관계에 있어 크고 의미 있는 연결고리를 밝혀낸 피게로아 대사의 노력에 경의를 표하지 않을 수 없다. 피게로아 대사는 내가 멕시코에 근무할 당시 얼굴을 본 적이 있으며, 본부 외교부에 중남미국 심의관으로 근무하고 있을 당시에 한국에 대사로 부임해와서 여러 차례 만난 적이 있었다. 언론매체를 통해 강연행사를 알게 된 나는 행사 다음날 피게로아 대사에게 SNS를 통해 성공적인 행사와 양국 관계에 매우 의미 있는 일을 해준 것에 대해 축하하며 감사의 마음을 전했다. 그는 멀리서 연락을 줘서 고맙고 대사관 직원들이 합심해서 노력한 결과이며, 앞으로도 더 많은 사례들을 밝힐 수 있도록 노력하겠다고 했다.

그동안 우리는 멕시코와 우리의 관계 강화의 중요성을 말하면서 주로 우리나라 사람들이 멕시코에 진출한 것을 중심으로 얘기해왔다. 우리의 대멕시코 진출이 멕시코의 대한국 진출에 비해 훨씬 많기 때문이기도 하다. 하지만 비록 미군소속이긴 하였으나 10만 명이나 되는 멕시코 사람들이 한국전에서 우리를 위해 싸웠다는 것은 우리가 흔히 말하는 소위 혈맹이라고 말할 수 있는 정도이고, 그동안 잘 몰랐었지만 멕시코 사람들이 우리나라에 대해 직접적으로 도움을 제공한 중요한 사례라고 높이 평가할 만한 것이다. 오랜 시간이 지나 이제야 서서히 밝혀진 일이지만, 멕시코 사람들이 우리에게 많은 도움을 주었고, 오늘의 한국을 이루게 한 기반 중의 하나였다고도 말할 수 있을 것 같다.

 양국 간의 교류가 늘어나고 관심을 갖는 사람이 많아질수록 그 관계는 점점 긴밀해질 수밖에 없다. 그 긴밀함이 다시 서로에 대한 이해를 높이는 상승작용을 일으킨다는 교훈을 피게로아 대사의 노력과 역할을 통해 새삼 느끼게 되었다. 멕시코에 관심을 갖고 이 책을 읽게 된 여러분들도 이러한 상승과정의 한 주역으로서 가능한 역할을 해주실 것을 기대해본다.

왼쪽의 피게로아 대사와 오른쪽의 저자 모습

멕시코는 원주민 인디오의 나라도 아닌 스페인 후손의 나라도 아닌 이들의 혼혈인 메스티소 인종이 대다수를 이루는 나라이며, 열등감이 없이 자부심이 오히려 강한 새로운 민족의 창조라고 할 수 있다. 물론 20세기 말까지의 역사를 보면 그렇지 못한 면도 없지 않다. 하지만 적어도 21세기 현재를 살아가는 멕시코 사람들은 더 이상 억압받고 굴종적인 피정복자가 아니라 자신감 있게 삶을 꾸려가는 당당한 주인공이 되었다고 생각한다.

Mexico

제7장

결론, 나의 멕시코

1.
나만의 멕시코

원래 이 책은 멕시코 근무를 시작한 초반에 매일 여러 가지 현지 신문을 읽으면서 멕시코 사회에 관한 재미있는 기사나 분석을 다수 보게 되면서 나중에 모아서 책을 내면 어떨까 하는 생각에서 출발하게 되었고, 멕시코 근무가 끝나는 2017년 초반까지 완성하려고 생각했었다.

하지만 대사관의 많은 일들과 여러 가지 개인적인 사정으로 인해 생각과 달리 이 작업은 더디기만 했고, 한국에 돌아와서도 1년여를 있으면서 마무리짓지 못했다. 급기야 다시 중남미 볼리비아에 와서 새로운 환경에 적응하면서 2018년 내에 완성이라는 목표를 가지고 2018년이 끝나가는 무렵인 12월에야 마무리를 하게 되었고, 초판 출간은 2019년 6월에야 이루어졌다.

서문에서도 언급했듯이 이 책은 멕시코 내에서 직접 살아가면서 다양한 부류의 여러 사람들을 만나고, 매일 매일 여러 종류의 신문과 관련 서적들을 읽고, 멕시코 사람들의 생각을 들어보고, 각종 유적지를 방문해 멕시코 역사의 자취를 느끼면서 들었던 생각들을 기록한 그야말로 나의 주관적인 멕시코 사람들과 생활상에 대한 기록이다.

그리 오랜 시간에 걸친 관찰이 아닐 뿐더러 사회학자나 역사학자가 아닌 비전문가의 눈과 생각으로 정의내리고, 판단하고, 비교하고, 단정하는 등의 오류가 많을 수 있음을 밝힌다. 그래서 최초에 생각했던 이 책의 제목은 너무 평범하게도 〈나의 멕시코〉이었고, 부제는 〈혼합이 새로움을 창조하는 곳〉이었다. 나의 주관적인 관점에서 본 멕시코라는 의미였다. 특히, 이 글의 제목을 '나만의 멕시코'라고 조금 달리 붙인 것도 이러한 점을 더 강조하기 위함이다.

우리 주변에는 중남미에 관한 책이 그리 많은 편은 아니다. 개별 국가에 대한 책은 말할 나위도 없다. 멕시코에 관한 책도 생각보다 그리 많지 않은 게 사실이다. 이 책이 중남미를 이해하기 위한 풍부한 관련 서적의 존재에 일조하기를 바라지만 오류나 잘못 기술된 부분을 발견하신 분들이 있다면 이 책을 비판하는 새로운 좋은 책을 많이 만들어주시기를 바란다.

2.
혼합이 새로움을 창조하는 곳

멕시코에 있는 동안 내 머릿속의 화두는 '멕시코를 어떻게 정의할 것인가?'이었다. 특히나 이전에 막연히 연상되던 선인장과 멋진 의상과 넓은 챙의 모자를 쓴 마리아치, 토르티야 등등이 아니라 멕시코 내에 살면서 멕시코 사람들과 부대끼며 그들의 생활방식과 사고방식을 접하면서 뭔가 외형적인 것이 아닌 멕시코 사람들의 마음속에서 우러나오는 공통분모를 찾으려고 노력했다.

결국 여러 가지를 생각해보다 가장 근원적인 멕시코의 기원에서 멕시코 사람들의 특징을 찾아야 한다는 생각이 들게 되었다. 그런데 멕시코의 기원도 쉬운 문제가 아니었다. 아직도 잘 알려지지 않은 먼 고대의 문명을 기준으로 할 것인지, 기원 전후의 유명한 테오티우아칸 문명을 기준으로 할 것인지, 아니면 13세기 이후의 아스테카 제국이나 마야 문명을 기준으로 삼을 것인지, 이것도 아니면 16세기 스페인 사람들의 정복과 식민역사를 기준으로 삼아야 할지, 19세기 독립 이후의 멕시코를 삼아야 하는지 많은 고민이 되었다.

결국 내가 정하기로 한 기준은 에르난 코르테스의 아스테카 제국 정복을 기준으로 삼기로 했다. 그 이유는 내가 본 멕시코는 2014~2017년의 멕시코였는데, 과거 어떤 역사적 계기를 생각해 봐도 스페인의 멕시코 정복보다 더 큰 변화와 충격, 문화의 이식, 이 땅에 살았던 사람까지도 인종적으로 변화시킨 일은 없었기 때문이다.

이런 관점에서 보면 앞서 본문에서도 지적했듯이 멕시코는 원주민 인디오의 나라도 아닌 스페인 후손의 나라도 아닌 이들의 혼혈인 메스티소 인종이 대다수를 이루는 나라이며, 열등감이 없이 자부심이 오히려 강한 새로운 민족의 창조라고 할 수 있다. 물론 20세기 말까지의 역사를 보면 그렇지 못한 면도 없지 않다. 하지만 적어도 21세기 현재를 살아가는 멕시코 사람들은 더 이상 억압받고 굴종적인 피정복자가 아니라 자신감 있게 삶을 꾸려가는 당당한 주인공이 되었다고 생각한다.

이런 의미에서 내가 생각한 멕시코를 가장 잘 특징지을 수 있는 표현이 바로 '혼합이 새로움을 창조하는 곳'이라고 생각한다. 혼합은 과거 부정적 뉘앙스의 혼혈을 긍정적인 의미로 부각시키는 뜻이 있고, 그의 결과가 희망적인 새로움, 21세기 현재와 미래의 밝은 이미지를 지닌 멕시코 사람들을 나타내주기에 적합하다고 생각하기 때문이다.

물론 이런 생각에 동의하지 않을 분들이 많이 있을 줄 안다. 멕시코는 여전히 혼란스럽고, 많은 멕시코 사람들이 그렇게 자주 적이지도 않고, 미래 지향적이지도 않으며, 식민시대의 유산으로 굴종적이고 절대 잘못을 인정하지 않는다는 등의 반론도 많을 줄로 안다.

하지만 우리도 마찬가지로 발달된 모습 속에 여전히 구태의연하고, 구시대적인 모습을 많이 가지고 있는 것처럼 한 사회의 모습은 수없이 다양한 모습들이 모인 것이기 때문에 나는 굳이 한 사회의 부정적인 모습을 강조할 필요는 없다고 보고 싶다. 왜냐하면 우연인지 필연인지 몰라도 내가 애정을 갖고 살았던 곳이기도 하고, 멕시코가 문제투성이의 국가로 남기보다는 밝고 활기찬 미래의 발전국가로 성장해 나가기를 진심으로 바라기 때문이다.

3.
미래의 멕시코

　로페스 오브라도르 대통령의 임기가 시작된 지도 1년 반이 경과했다. 그는 직전의 제도혁명당PRI 소속의 페냐 니에토 정권의 부패를 척결하고, 가장 큰 문제라고 할 수 있는 치안문제 해결을 위한 노력 강화, 빈곤 퇴치, 다양한 개혁정책을 약속하며 국정을 새로 시작하였다. 로페스 오브라도르 대통령은 취임 직전부터 전 정권의 최대 주력 프로젝트라고 할 수 있는 멕시코시티 신공항 건설 계획을 폐기하고, 취임하자마자 대통령 전용기 매각을 발표하였으며, 2014년 8월 교대생 43명 실종사건(이괄라 사건)의 재조사를 위한 위원회 설립을 명하고, 대통령궁이었던 로스 피노스Los Pinos를 대중에게 개방하는 등 가시적인 조치를 과감히 취했다.

　그는 취임사에서 근본적인 변혁추진, 부패종식, 치안확보, 균형재정 달성, 공공투자 증대, 사회적 약자를 위한 대규모 복지확대 등의 다양한 정책을 약속하면서 중간 신임투표 실시와 함께 진정한 변화를 이룰 수 있도록 매일 16시간씩 일을 할 각오도 표명했다. 그러나 현재 멕시코의 대내외적인 상황은 그리 좋은 편이 아니다. 미국 트럼프 정부의 출범으로 인한 정치적·경제적·감정적 대립은 결국 북미자유무역협정을 미국에 유리한 방향으로 개정하여 많은 멕시코 산업들이 타격을 받을 것으로 예상된다.

또한, 중미 사람들의 멕시코를 경유한 미국으로의 이민행렬 문제로 인한 외교적 갈등을 차치하더라도 국내적으로 기존의 기득권 세력의 저항을 어떻게 저지하면서 부패 타파를 이루고, 더 나빠질 수 없을 정도로 악화된 치안확보 문제를 해결할 수 있는지에 관해서는 아직은 구체적인 결과가 보이지 않는다. 특히나, 2020년 초반 전 세계적으로 타격을 준 코로나19 사태로 인해 다른 나라와 마찬가지로 멕시코도 유례없는 전염병 확산의 대응과 침체된 경제를 활성화시켜야 하는 거대한 도전에 직면해 있다. 모두에게 쉽지 않는 과제인 만큼 멕시코도 이를 헤쳐 나가는 데 어려움이 큰 것은 다름이 없지만, 치안과 부패와 같은 기존의 고질적인 문제에 더해 어려움이 크게 가중되고 있는 것은 명백하다.

이런 어려운 사정에도 불구하고 멕시코는 광대한 영토, 풍부한 자원, 많은 인구와 저렴하고 우수한 노동력, 세계 최대의 물류시장 확보 등 다양한 면에서 여전히 발전 가능성이 매우 높은 나라임에 틀림없다. 이전까지의 모든 정부가 진정한 개혁을 외치며 출발했지만 결국은 불명예스러운 결과를 면치 못했던 전철을 더 이상 밟지 않고 새로운 희망의 멕시코가 되어주기를 진심으로 바란다.

2018년 러시아 월드컵의 이변 중의 하나가 예선전에서 우리나라가 독일을 2-0로 승리한 것일 것이다. 이로써 탈락 위기에 처했던 같은 F조의 멕시코가 기적적으로 16강에 진출하게 되었다. 우리의 독일戰 경기가 끝나자마자 멕시코는 환호와 기쁨의 열기로 가득 찼고, 이 모든 것이 한국 덕분이라는 폭발적인 반응에 휩싸였다. 수많은 축구팬들이 멕시코시티에 있는 한국대사관을 찾아가 감사의 인사를 전하고, 형제 국가를 외치며 열광의 분위기를 연출하였다.

제8장
——
후기

1.
멕시코를 떠나며

멕시코를 떠나는 마지막 날이 되었다. 이제 조금 있다 오후가 되면 한국으로 출발하러 공항으로 출발해야 한다.

근 500년간 이 미지의 땅은 서구인들에 의해 이용당해 왔고, 지금 내가 지난 2년 반 동안 보았던 멕시코의 모습들은 시간을 뛰어넘어 외형적으로는 근대 국가의 모습을 갖추었을지는 몰라도 외지인의 눈으로 보아도 느낄 수 있는 억압적이고, 모순적인 사회구조의 문제가 오랜 식민시절의 유산으로 변화를 막고 있는 것이 아닐까 하는 생각이 여전히 든다.

사무실을 마지막으로 다녀오면서 늘상 다니던 출근길, 건물들, 그리고 낯익은 길가의 경비원들의 모습들이 아쉬움을 간직한 채 뒤로 밀려간다. 사무실을 나오면서 힐끔 돌아본 대사관의 전경이 내 눈 안에 강렬한 잔상으로 남는다. 오늘이 마지막이라는 소리에 눈물을 보이는 늙은 경비원과의 따듯한 포옹과 함께 배웅을 받으며 떠나는 길에 유난히 햇살이 밝아 눈시울이 뜨거워졌다.

한때, 여름 내내 위험하다는 만류에도 불구하고 운동 삼아 걸어서 출퇴근하던 길을 보면서 과거의 추억을 더듬다 문득 언제나 그렇듯이 세월의 무상함과 함께 이 기억들이 모두 내 관념 속에 머물 수밖에 없다는 점이 아쉬움으로 남는다. 지난 25년간 많은 나라들을 오가며 매번 떠나고 이별을 하면서 아쉬워했던 순간들이 하나둘씩 떠오른다.

또 앞으로 새로 맞이하게 될 생활을 떠올려보면서 이번이 또 한 번의 인생의 전환기가 되겠구나, 또 이번이 지나면 어떤 생활이 어디서 나를 기다리고 있을까 궁금해진다.

멕시코에서는 너무도 많고, 힘든 큰일들이 있었음에도 잘 견디어냈고, 또 신앙적으로 많이 성장할 수 있는 소중한 시기였다고 할 수 있다. 멕시코를 떠나며 이곳의 추억을 오래 간직하리라 다짐해본다.

2.
너무 빨리 찾아온 재방문 기회

　멕시코로부터 귀국한 지 불과 2주 만에 업무로 다시 멕시코를 방문하게 되었다. 잠깐의 시간, 하루 일정에 불과했지만 다시 온 멕시코는 편안함을 느끼게 해주었다. 2주간의 한국생활 후 만난 반가운 얼굴들, 낯익은 공항 의전실, 시내 호텔 등등은 내가 방문자가 아니라 거꾸로 찾아오는 대표단을 맞는 것 같은 착각마저 들었다. 마치 지난 2주간 잠시 한국으로 휴가를 다녀온 그런 느낌이라고나 할까? 공항에서 호텔로 가는 길은 내가 없던 2주 사이에 일부 도로포장이 되어서 그런지 그 사이에 나아진 느낌이고, 평소 월요일의 퇴근시간답지 않게 휴일 같이 교통량이 적어 내심 놀랬다.

　늘 지나다녔던 천사탑 옆의 쉐라톤 호텔은 왠지 모를 어수룩함과 낡음이 여전했다. 호텔 체크인 후 멕시코 전통식당 비야 마리아Villa Maria를 다시 찾았다. 긴 헤어짐일 거라고 생각했지만 다들 놀라며 반가워하는 다른 동료들도 다시 만날 수 있었으며, 즐거운 분위기 속에서 멕시코 음식을 다시 맛볼 수 있었다. 호텔로 돌아가는 늦은 밤길, 고요하고 적막한 레포르마 대로의 길은 정감이 가득 느껴진다. 이 길을 가고 있지만, 지남은 곧 과거가 되고 추억이 된다. 나 말고도 무수히 많은 사람들의 기억을 안고 있는 이 길을 다시 지나는 것이 정겹기도 하고 또한 아쉽기도 하다.

다음날 아침 이른 새벽에 운동 삼아 조깅으로 호텔에서 비교적 가까운 거리에 있는 차풀테펙 성을 가보고 싶은 마음이 갑자기 들었다. 멕시코 근무기간 동안 해보지 못했던 것을 하고 싶었던 것이라 나는 이내 호텔 문을 뒤로 하고 열심히 뛰어갔다. 아침을 맞는 멕시코 시민들, 이른 새벽에 곧 있을 장사를 준비하는 거리의 상인들, 버스에서 내려 출근지로 분주히 걸어가는 시민들, 아침 운동으로 열심히 달리는 사람들과 같이 멕시코에 살던 기간 중에는 좀처럼 볼 수 없었던 모습들이 아침 공기마냥 시원하게 다가왔다. 이런 모습들은 그동안 내가 자세히 보지 못했던 멕시코 서민들의 진짜 삶의 모습들이었다.

멕시코를 뒤로 하고 다음 행선지인 쿠바로 떠나는 비행기편에 몸을 실었다. 날이 어둑해지고 있었지만 어둑어둑한 어둠 사이로 보이는 지상 저 멀리 아래의 나트륨 등으로 덮인 마을 위로 내가 탄 비행기가 지나간다. 5백년 전인 1519년 에르난 코르테스가 쿠바를 떠나 베라크루스를 거쳐 테노치티틀란까지 왔던 길을 거꾸로 나아가고 있음을 느끼면서 말이다.

3.
월드컵이 맺어준 형제 국가

2018년 러시아 월드컵의 이변 중의 하나가 예선전에서 우리나라가 독일을 2-0로 승리한 것일 것이다. 이로써 탈락 위기에 처했던 같은 F조의 멕시코가 기적적으로 16강에 진출하게 되었다. 우리의 독일戰 경기가 끝나자마자 멕시코는 환호와 기쁨의 열기로 가득 찼고, 이 모든 것이 한국 덕분이라는 폭발적인 반응에 휩싸였다. 수많은 축구팬들이 멕시코시티에 있는 한국대사관을 찾아가 감사의 인사를 전하고, 형제 국가를 외치며 열광의 분위기를 연출하였다.

이뿐만이 아니었다. 길가에서 만나는 한국 사람들에게 감사 인사를 하고 선물을 주기도 하며 기뻐했다. 한국 기업들에게도 감사의 선물로 대량의 맥주가 배달되는 풍경이 연출되기도 하였다. 거리 식당에는 손흥민 갈빗살, 서울 수프 등이 포함된 한국 메뉴가 등장했고, 멕시코의 상징인 소칼로 광장의 대형 멕시코 국기를 태극기로 바꾼 패러디물이 넘쳐났다. 일부 기업들은 자사의 로고를 변형해 한국에 감사를 전하기도 했는데, 국영항공사인 아에로 멕시코AeroMéxico는 아예 멕시코 대신 한국을 넣어 아에로 코레아Aero Corea라고 하면서 20% 할인해준다는 익살스런 홍보도 잊지 않았다.

우리 대사관 홈페이지 자료에 따르면, 멕시코 외교부의 외교차관이 한국대사에게 직접 전화를 해 외교장관을 대신해 한국 덕분에 멕시코가 16강에 진출하게 되어 감사하다는 인사말을 전하기까지 했다고 한다. 실로 예상치 못했던 축구경기의 결과로 한국과 멕시코가 믿지 못할 끈끈한 형제애를 만들어냈다. 다만, 이러한 관심이 일시적이지 않고 오래 지속되기를 바란다.

요즘 우리는 문화외교보다 공공외교라는 용어를 많이 사용한다. 문화외교가 우리 문화를 해외에 알리는 데 주력했다면, 공공외교는 상대방 국민의 마음을 사로잡아 우리의 문화를 스스로 좋아하게 만드는 일이다. 뜻하지는 않았지만 러시아 월드컵은 단숨에 한국에 대한 멕시코 사람들의 마음을 사로잡는 계기가 되었으며, 공공외교 측면에서 봤을 때 정말 대성공이었다. 이런 계기를 잘 살려서 양국 관계의 불을 더욱 활활 타오르도록 해야 할 때이다.

한국대사관 앞에 몰려든 멕시코 사람들

이런 기적과 같은 일이 있었던 2018년 6월 당시 나는 볼리비아에 부임한 지 한 달 정도 된 때였다. 한국-독일 경기가 있은 다음 날 볼리비아 내무부 장관과의 면담이 잡혀 있어 장관실 앞 응접실에서 기다리고 있었는데 우연찮게 초면인 독일 대사를 만났다. 한편으로 좀 미안한 마음도 들었지만 독일 대사는 흔쾌히 한국팀의 실력이 뛰어났다고 추켜세워 주었다. 이어 며칠 후 멕시코 대사도 만날 기회가 있었는데 예상했던 감사의 인사는 역시 빠지지 않았다.

멕시코를 떠나서도 멕시코는 여전히 나에게 많은 도움을 준다. 이 모든 것을 통해 볼 때 나의 멕시코 경험은 나에게 우연이 아닌 정말 필연이었을지 모른다는 생각이 점점 강해져 간다.

4.
계속되는 인연들,
만들어가는 인연들

    2019년 초판을 출간한 직후 잠시 귀국할 일이 있었는데 그때 주한 멕시코 대사관을 찾아갔다. 피게로아 대사는 멕시코에서도 본 적이 있고, 내가 한국에서 근무하고 있는 동안 우리나라에 대사로 부임해와서 여러 차례 만났던 잘 아는 사이였다. 피게로아 대사에게 책을 선물하니 그동안 영어나 스페인어로 멕시코를 소개하는 책은 꽤 있었지만 정작 한국 사람들을 위한 한국어로 된 멕시코 책이 필요하던 참에 딱 맞는 책이라며 기분 좋게 말해주었다. 피게로아 대사 말고도 주한 멕시코 대사관의 블라디미르 참사관은 내가 멕시코에서 근무하는 동안 멕시코 외교부 한국담당 과장이어서 매우 친하게 지냈었는데 내가 한국으로 오고 난 후 얼마 안 있어 그 또한 한국에 부임하였다. 오랜만에 만난 멕시코 친구들로부터 나는 또다시 멕시코 사람들의 따뜻한 마음을 느낄 수 있었다.

사실 생각해보면 이 책을 내기까지 직간접적으로 도움을 주신 주변의 분들이 많았다. 그분들에 대해서도 쓰고 싶었지만, 초판에서는 보다 더 객관적인 차원에서 멕시코를 잘 알리기 위해 의도적으로 개인적인 이야기들은 전혀 넣지 않았다. 에세이여서 개인적인 의견이 많이 들어가는 것이 불가피하지만, 가급적 개인적인 이야기는 빼고 멕시코를 잘 알릴 수 있는 것들을 중심으로 서술하자는 나름의 원칙을 갖고 있었기 때문이었다. 하지만 개정판을 내게 되는 상황이 되자 생각을 바꿔 조금이라도 서술하는 게 이 책이 나올 수 있기까지 알게 모르게 도움을 주신 분들께 감사의 마음을 전하는 방법이라는 생각이 들었다. 세상일은 결코 나 혼자 이루어내는 법이 없으니까 말이다.

2019년 가을경 멕시코를 방문할 기회가 생겼다. 멕시코를 마지막으로 방문했던 때로부터 벌써 2년 반의 시간이 흐른 시점이었다. 위에서 말한 도와주신 분들이란 주로 멕시코 근무 당시 같이 지냈던 많은 한국 교민분들이다. 멕시코에 사는 동안 그분들과 만나 이야기하면서 곳곳에서 멕시코에 대해 잘 몰랐던 점들을 그분들의 멕시코 이웃과 직접 부대끼며 체득한 오랜 경험과 지혜로부터 쉽게 알 수 있었다. 3박 4일의 길지 않은 체류였지만 만남이 꼬리를 물고 이어져 숙소와 점심 또는 저녁식사 장소를 왕복하는 일의 반복이었다. 오랜만에 다시 만난 대사관 직원들도 반가웠고, 그때 알았던 많은 교민분들이 정말 반갑게 맞아주셨다. 모두들 너무나 고마운 분들이다. 일일이 언급하면 좋겠지만 너무도 많은 분들이어서 이렇게만 뭉뚱그려 언급하는 것을 양해해주시기를 바라는 마음이다.

앞 글에서 나는 멕시코 경험이 우연이었다고 생각했다가 정말 필연이었을 것이라고 적었는데, 이제는 오히려 내가 기회가 있을 때마다 그 인연을 필연으로 만들어가고 있는 것 같다. 여러분들도 분명히 어떤 것에 대해 깊은 애정을 가졌던 기억이 있을 거라고 생각한다. 그때의 마음을 돌이켜보면 그 대상을 위해 뭐라도 한 가지 더 잘해주고 챙겨주고 싶었지 않았는가? 나에게 멕시코는 그런 존재가 되어버렸다. 나의 멕시코는 그렇게 내 마음속에 깊이 남아있고, 또 계속해서 그 인연들을 이어나갈 것이다.